日本商工会議所主催 簿記検定試験

検定

簿記講義

1級

2024年度版

岡本　清
廣本敏郎
［編著］

工業簿記・原価計算 上巻

JN093906

中央経済社

■検定簿記講義　編著者・執筆者一覧

級	巻編成	編者（太字は主編者）	執　筆　者
1級	商業簿記・会計学 上巻	渡部　裕亘（中央大学名誉教授） 片山　覚（早稲田大学名誉教授） **北村　敬子**（中央大学名誉教授）	北村　敬子　石川　鉄郎（中央大学名誉教授） 藤木　潤司（龍谷大学教授） 菅野　浩勢（早稲田大学准教授） 中村　英敏（中央大学准教授）
1級	商業簿記・会計学 下巻	渡部　裕亘（中央大学名誉教授） 片山　覚（早稲田大学名誉教授） **北村　敬子**（中央大学名誉教授）	北村　敬子　石川　鉄郎（中央大学名誉教授） 小宮山　賢（早稲田大学教授） 持永　勇一（早稲田大学教授） 藤木　潤司（龍谷大学教授） 中村　英敏（中央大学准教授） 小阪　敬志（日本大学准教授）
1級	工業簿記・原価計算 上巻	**岡本　清**（一橋大学名誉教授　東京国際大学名誉教授） 廣本　敏郎（一橋大学名誉教授）	廣本　敏郎　鳥居　宏史（明治学院大学名誉教授） 片岡　洋人（明治大学教授） 藤野　雅史（日本大学教授）
1級	工業簿記・原価計算 下巻	**岡本　清**（一橋大学名誉教授　東京国際大学名誉教授） 廣本　敏郎（一橋大学名誉教授）	廣本　敏郎　尾畑　裕（明治学院大学教授） 伊藤　克容（成蹊大学教授） 荒井　耕（一橋大学大学院教授） 渡邊　章好（東京経済大学教授）
2級	商業簿記	**渡部　裕亘**（中央大学名誉教授） 片山　覚（早稲田大学名誉教授） 北村　敬子（中央大学名誉教授）	渡部　裕亘　三浦　敬（横浜市立大学教授） 増子　敦仁（東洋大学准教授） 石山　宏（山梨県立大学教授） 渡辺　竜介（関東学院大学教授） 可児島達夫（滋賀大学准教授）
2級	工業簿記	岡本　清（一橋大学名誉教授　東京国際大学名誉教授） **廣本　敏郎**（一橋大学名誉教授）	廣本　敏郎　中村　博之（横浜国立大学教授） 籏本　智之（小樽商科大学教授） 挽　文子（元一橋大学大学院教授） 諸藤　裕美（立教大学教授） 近藤　大輔（法政大学教授）
3級	商業簿記	渡部　裕亘（中央大学名誉教授） **片山　覚**（早稲田大学名誉教授） 北村　敬子（中央大学名誉教授）	片山　覚　森田　佳宏（駒澤大学教授） 川村　義則（早稲田大学教授） 山内　暁（早稲田大学教授） 福島　隆（明星大学教授） 清水　秀輝（羽生実業高等学校教諭）

まえがき

本書は，日本商工会議所と各地商工会議所が共催で実施している簿記検定試験のうち，１級工業簿記および１級原価計算のテキストとして書かれたものです。平成25年に，15年振りの全面改訂を行い，その後，継続的に毎年必要な改訂を行っております。全面改訂の目的は２つありました。１つは，近年における出題傾向も反映させながら内容を最新のものにし，同時に，難しい内容を理解しやすく伝えるべく，できる限り図解して説明することで，大きく刷新いたしました。

もう１つは，工業簿記および原価計算の全体の体系をスムーズに理解できるよう，『検定簿記講義／１級工業簿記・原価計算』の上下２巻で執筆・刊行しました。

これまで，『検定簿記講義／１級工業簿記』と『検定簿記講義／１級原価計算』を刊行する方針の下，工業簿記と原価計算の全体の体系がスムーズに理解できるように章節の編成を工夫してきましたが，その２冊にはどうしても重複が多くなる傾向があり，読者の皆さんからも改善を要望する声が届いていました。全面改訂を機に，工業簿記・原価計算については，試験科目ごとに執筆刊行するという従来の編集方針を変更して，おおむね出題区分表に従って上下２分冊で執筆した次第です。

日本商工会議所の簿記検定試験は，簿記の普及向上を通じて，企業経営の健全化と経済社会の発展に寄与することを目的として施行されています。この簿記検定制度は，1954（昭和29）年に制度が発足して以来，広く社会に受け入れられ，これまでに2,800万人以上の方々が受験されました。１級はその中にあって最高の級であり，取得者は産業界はもとより大学でも大変高く評価されています。皆さん方にも，先輩方にならって本書でしっかり勉強し，栄えある１級取得者になっていただきたいと思います。

本書の特徴は，次のようになります。

⑴　各章は，冒頭に〔学習のポイント〕を明示しています。その章で何を

学習するのかを確認し，しっかりと心構えをしてから本文に進んでください。本文では，基本的に，個々の内容ごとにやさしく解説したうえで，〔例題〕→〔解答へのアプローチ〕→〔例題解答〕という構成を採用しています。本文の解説を読んで，各内容を理解したなら，例題を使って問題に対するアプローチの仕方を知り，例題解答で理解を深めてください。

(2) 各章で，「word 解説」を行っています。これにより，本文から離れて，各用語または概念について理解を再確認することができます。なお，2級では「基本 word」と「応用 word」に分けましたが，1級では「応用 word」のみとしました。

(3) できる限り図解して，説明するように努めています。難しい内容は，図によって全体の関係をとらえ，全体の関係をイメージとして一度に理解するほうが効果的です。そうした観点から，各章でわかりやすい図を多く使って説明しています。

(4) 工業簿記と原価計算の領域における理論と実務は年々変貌を遂げており，絶えずその動向に注目していなければ，現実の諸問題を解決することができません。そこで，近年におけるこの領域の新たな展開や，最近における出題傾向をも取り入れ，旧版をすべて書き直しています。

これらの特徴を活かして，本書の読者が一人でも多く1級の検定試験に合格され，社会の各方面で活躍されることを心から願っています。

本書の作成に当たっては，工業簿記および原価計算の教育・研究に日頃真摯に従事されているベテランの大学教員および若手の大学教員に執筆をお願いしました。また，わかりやすい説明になっているかどうかを確認するため，一橋大学の学生の皆さんにもご協力いただきました。ここに記して感謝の意を表します。

2024年2月

編　著　者

第5章 部門別計算

第6章 個別原価計算

第7章 総合原価計算

第8章 副産物と連産品の計算

検定簿記講義１級 工業簿記・原価計算 下巻 目次

当社ホームページに本書に関する情報を掲載しておりますので，ご参照ください。

第1章 総説

学習のポイント

本章では，工業経営の特質，原価計算の意義・目的，原価の一般概念など，工業簿記と原価計算の基礎知識と，それらが利用される工業経営について学ぶ。

1．工業簿記は，工業経営で通用される複式簿記である。
2．工業経営の特質は，製品の製造活動を行う点にある。
3．工業経営の組織は，基本的に，製造部門と販売部門（営業部門），および本社部門から構成される。製品の多角化が進展すると事業部制が採用され，事業部のもとに製造部門と営業部門が置かれる。
4．工業簿記の特色は，製品の製造原価を記録・計算する点にある。工業簿記には，原価計算は行わず，棚卸計算法による計算を行う商的工業簿記と，原価計算が組み込まれている完全工業簿記とがある。
5．工業簿記（複式簿記）は，工業経営全体の経済活動について，会計期間を区切って，収益と費用を期間的に関係づけてとらえる期間関係計算であるのに対して，原価計算は，企業の部分活動の給付関係計算である。
6．原価計算は，複式簿記と有機的に結合して行われるか否かによって，原価計算制度と特殊原価調査とに分類される。原価計算制度は，財務諸表作成目的のほか，原価管理や利益管理など経常的な経営管理目的に役立つように行われるのに対して，特殊原価調査は，必要に応じて，経営意思決定目的に役立つために行われる。
7．「原価計算基準」で規定されているのは，原価計算の全体ではなく，原価計算制度だけである。原価計算制度は，複式簿記と有機的に結合して行われる原価計算である。

8．原価とは，一般的（広義）には，特定の企業目的を達成するために犠牲にされる経済的資源の，貨幣による測定額と定義される。広義の原価概念には支出原価と機会原価とが含まれる。原価計算制度では支出原価のみが用いられる。

1 工業経営の特質と組織

❶ 企業活動と投下資本（とうかしほん）の運動過程

工業簿記・原価計算をよりよく理解するためには，まず，工業簿記や原価計算が実施される企業における投下資本の運動過程を正しく認識する必要がある。

投下資本の運動過程は，製造企業を用いて示せば，図表1－1のように図示される。

図表1－1 投下資本の運動過程

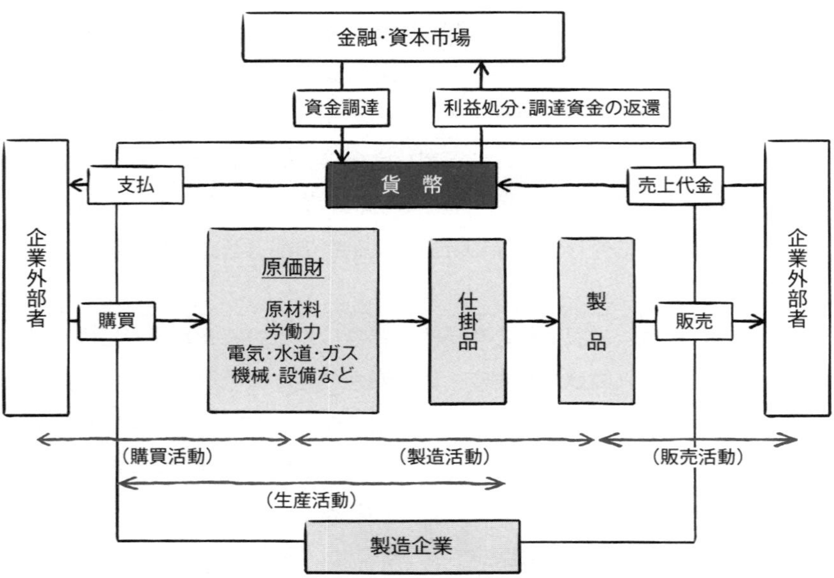

❷ 工業経営と商業経営

工業経営の特質は，商業経営と比較して理解すればよい。

商業経営では，購買活動において商品を仕入れ，販売活動において購入商品を販売する。それに対し，**工業経営**では，購買活動で購入した原価財を製造活動に投入（消費）して製品を製造し，その完成した製品を販売活動において販売する。つまり，工業経営の特質は，製品の製造活動を行う点にある。

❸ 工業経営の組織

製造企業は成長して，多角化が進展し，あるいは市場が拡大し，組織が複雑になると，一般に，**事業部制**が採用される。事業部制が採用される場合の組織図の一例を示せば，図表１－２のようになる。

図表１－２　製造企業の組織図（一例）

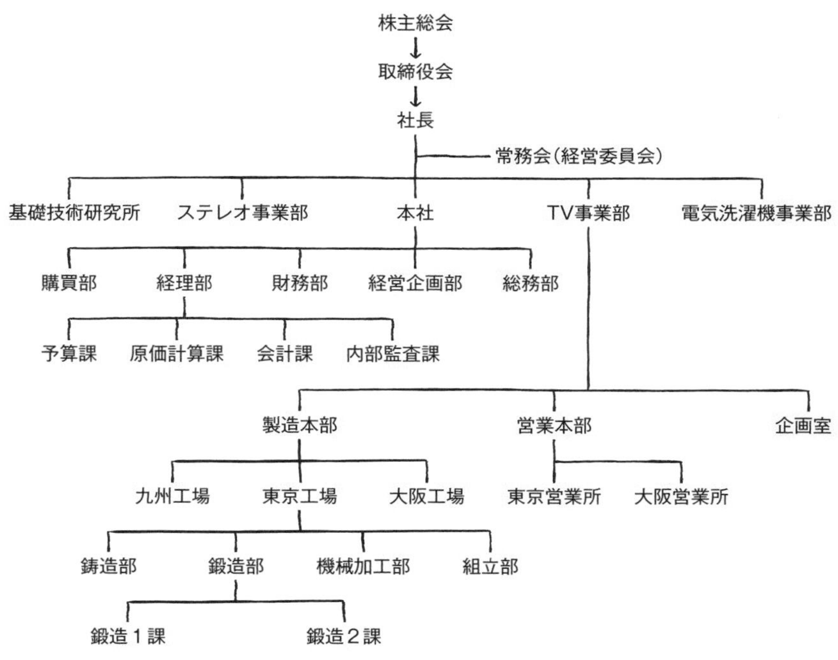

❹ 責任会計と責任センター

企業全体の目標は，その**PDCAサイクル**の中で，事業部，工場，営業所などの各組織単位の目標に展開され，各組織単位はそれぞれの目標を達成するために一所懸命に努力する。そうしたPDCAサイクルでは，販売量，生産量，工数といった非財務情報だけでなく，売上高，原価，利益といった財務情報も利用される。企業全体および各組織単位の財務的目標を予算として設定するとともに，各組織単位の実績を測定して，予算と実績を比較し，各組織単位の経営管理者がどの程度目標を達成したかを知る仕組み，つまり，各組織単位の財務的業績を明らかにする仕組みは，**責任会計**とよばれる。

責任ある一人の経営管理者に率いられた組織単位は，**責任センター**とよばれる。いかなる責任センターも，資源（インプット）を利用して活動を行い，何らかの産出物（アウトプット）を生み出している。すべての責任センターにおいて，資源が利用されるとき，その原価（コスト）が測定されるが，そのアウトプットは必ずしも収益として測定されない。すべての責任センターでアウトプットを収益として測定することは，必ずしも実行可能でないし，また，必要でもないからである。かくして，責任会計では，責任センターは，一般に，原価センター，利益センターおよび投資センターに分類される。

応用word

★ PDCAサイクル

マネジメント（経営管理）はプランニング＆コントロール（計画と統制）というが，それはサイクルを成している。代表的なものがPDCAサイクル（plan-do-check-act cycle）であり，計画（plan），実行（do），測定・評価（check），是正措置（act）のプロセスを繰り返す。PDCAサイクルは，組織全体だけでなく，部門単位，作業単位などさまざまなレベルで回される。

① 原価センター

経営管理者が自分の管理責任範囲で発生する原価のみが測定される責任センター（例えば，経理部や総務部）。

② 利益センター

経営管理者が自分の管理責任範囲で発生する原価と収益，したがって利益が測定される責任センター（例えば，九州営業所や東京営業所）。

③ 投資センター

経営管理者が自分の管理責任範囲で発生する利益のみならず，投資額も測定される責任センター（例えば，電気洗濯機事業部やTV事業部）。

❺ 原価計算基準

わが国の「**原価計算基準**」は，昭和37年11月８日，大蔵省企業会計審議会より中間報告として公表されたものである。現行「原価計算基準」は，わが国の原価計算の慣行の中から，一般に公正妥当と認められるところを要約したもので，①原価計算制度について，②実践規範の枠組みを示した，③企業会計原則の一環を成す原価計算基準として設定された。

「原価計算基準」は，設定以来一度も改訂されることなく現在に至っている。それだけ，完成度が高い基準ともいえるし，原価計算構造，原価計算の考え方の普遍性が指摘されるところでもあるが，陳腐化した側面があることは否定できない。

応用word

★原価計算制度

工業簿記（複式簿記）と原価計算が有機的に結合して常時継続的に行われる計算体系である。機能の点から見れば，原価計算制度は，財務諸表の作成，原価管理，利益管理などの目的が重点の相違はあっても相共に達成されるべき一定の計算秩序である。

2 工業簿記

❶ 工業簿記の特色

工業簿記の特色は，商業簿記と比較することによって理解できる。**1❷**の説明に対応して，工業簿記の特色は，商業簿記にはない製造活動の記録・計算を行う点にある。

❷ 商的工業簿記と完全工業簿記

製造活動の記録・計算を行うには，原価計算が必要となる。製造活動は，図表1－1に示したように，原材料などの原価財が加工され，仕掛品，製品となっていく過程であるが，その過程を計算するのは原価計算の役割だからである。

しかし，実務では時に，そのような製造活動における企業資本の運動過程（企業内部における価値の移転過程ともいう）を直接に認識・計算することなく，**棚卸計算法**による計算が行われる。例えば，材料費は以下によって計算される。

材料費＝期首材料有高＋期中材料仕入高－期末材料有高

これに労務費と経費を加えて当期製造費用を計算し，それに期首・期末の仕掛品有高の見積額を加減して，当期の完成品製造原価を計算する。この完成品製造原価を完成品数量で割れば，完成品1個当たりの原価が計算されることになる。このようにして行う工業簿記は，**商的工業簿記**あるいは**不完全工業簿記**とよばれる。つまり，商的工業簿記とは，原価計算が組み込まれていない工業簿記である。

これに対し，製造活動における価値の移転過程を直接に認識・測定して，すなわち，原価計算を行って工業簿記を行うとき，それは**完全工業簿記**とよばれる。これが工業簿記の本来のあり方であるから，単に工業簿記といえば，この完全工業簿記を指す。完全工業簿記とは，原価計算が組み込まれている工業簿記である。

❸ 財務簿記と製造簿記

完全工業簿記における総勘定元帳の勘定は，対外的な取引活動（購買活動および販売活動）の記録・計算を行う部分と製造活動の記録・計算を行う部分とから成る。この対外的な取引活動を記録・計算する部分を**財務簿記**または**営業簿記**とよび，製造活動を記録・計算する部分を**製造簿記**または**経営簿**

記とよぶことがある。

財務簿記は，企業活動全体について企業資本の運動変化を測定し管理するのに対し，製造簿記は，財務簿記から資料を受け取り，製造活動で生ずる価値移転過程を測定把握し，その結果を再び財務簿記に提供することを課題とする。

財務簿記と製造簿記の関係については，財務簿記と製造簿記が単一の勘定体系に組み込まれ，単一の総勘定元帳で行われる場合と，財務簿記と製造簿記とが各々の勘定体系をもち，各々の元帳を使用して行われる場合とがある。本社元帳と工場元帳とが区分されるのは，後者の場合である。これについては，「第10章　工場会計の独立」で詳しく説明する。

❹ 工業簿記（複式簿記）と原価計算

工業簿記は，工業経営全体の経済活動について，会計期間を区切って，収益と費用を期間的に関係づけてとらえるのに対し，**原価計算**は，工業経営を構成する部分の経済活動で発生する原価を製品など特定の原価計算対象（給付ともいう）に関係づける。つまり，工業簿記は，企業活動全体の期間関係計算という特色をもつのに対し，原価計算は，企業の部分活動の給付関係計算という特色をもつ。したがって，工業簿記により企業活動全体の期間的合計額が記録・計算され，原価計算により企業の部分活動の金額が記録・計算されるので，両者を結合させるなら，つまり，完全工業簿記を実施するならば，合計記録とその内訳記録とを突き合せることができる。

また，工業簿記（複式簿記）に関しては，それが**アカウンタビリティ（会計責任）**解明機能を有していることが注目される。すなわち，あらゆる簿記に共通して存在する基本的職能は，勘定という単位によって，財産の保全と運用とに関する経済主体のアカウンタビリティの推移の経緯を明確にすることである（片野一郎『新簿記精説（上巻）』同文舘出版，1983年，20－21頁）。図表１－３は，そのイメージを図示したものである。

図表1－3　勘定のアカウンタビリティ（会計責任）解明機能

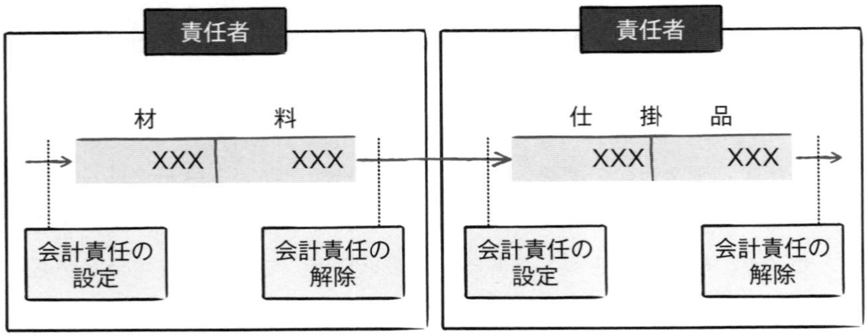

3 原　価

❶ 原価の一般概念

原価とは何か，に関する考え方を原価の一般概念という。原価の一般概念には広義と狭義とがある。原価計算には，後述するように，原価計算制度と特殊原価調査とがある。「原価計算基準」では，原価計算制度にかかる原価が定義され，いわば狭義の一般概念が規定されている。特殊原価調査を含めて原価の一般概念を考察するとき，経営意思決定のための原価概念をも含む広義の一般概念が定義される。広義における原価の一般概念は，「**特定の企業目的を達成するために，犠牲にされる経済的資源の，貨幣による測定額**」と定義することができる。

意思決定目的のための原価計算においては，支出原価と機会原価の概念が必要となる。例えば新規受注をするか否かの意思決定問題において，注文を引き受けるなら設備の使用が必要となる。つまり，設備という経済的資源が犠牲になる。犠牲にされる設備の貨幣による測定額は，設備を新たに取得する場合，その取得のために支払う現金支出額で測定される。そのような原価は**支出原価**とよばれる。それに対し，すでに設備は所有しており，新たに購入する必要がない場合，支出額はゼロである。それでは，設備の貨幣による測定額（設備の原価）はゼロであるかといえば，必ずしもそうではない。なぜなら，その設備は他の製造活動にも使用できるが，この新規注文のために使用するなら，その間は他の製品製造のためにその設備を使用できなくなるからである。新規注文のために使用する時間を，他の製品製造のために使用したならば得られるはずの利益額（複数の製品製造が可能であれば，その最大の利益額）を計算して，新規受注のために犠牲にされる設備の原価を測定するとき，そのような原価は**機会原価**とよばれる。

原価計算制度では支出原価のみが用いられる。ただし，意思決定目的の原価計算では，当該意思決定によって生じる未来の支出額が計算されるが，原価計算制度では，消費される原価財に対して生じた過去の支出額にもとづいて原価計算が行われる。

図表1－4 広義の一般概念と狭義の一般概念

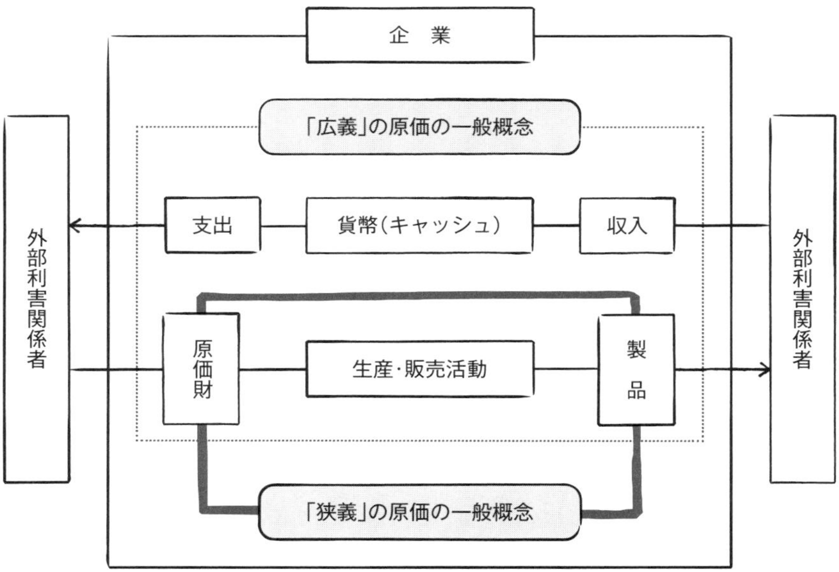

例題１－１

広義における原価の一般概念を述べ，支出原価と機会原価の内容を説明しなさい。

解答へのアプローチ

経済的資源を犠牲にするとき原価が測定されるが，経済的資源の犠牲は何らかの企業目的を達成するために行われるものであること，支出原価と機会原価の違いは，犠牲にされる経済的資源の測定方法の違いである点を説明すればよい。

［解　答］……………………………………………………………………………

企業では，無目的に経済的資源を犠牲にすることはない。企業にとって価値のある経済的資源を何らかの活動に投入するのであれば，その明確な目的がなければならない。したがって，広義における原価の一般概念について問われるなら，「原価とは，特定の企業目的を達成するために，犠牲にされる経済的資源の，貨幣による測定額」と述べることができる。この一般概念は，測定方法によって，支出原価と機会原価に分けられる。

支出原価とは，犠牲にされる経済的資源を，その経済的資源の取得のために支払う現金支出額で測定した原価のことである。例えば，実際原価計算で計算する材料費や労務費は，材料または労働力を購入するために支払う現金支出額で測定するので支出原価である。通常，原価といえば支出原価を指している。

これに対し，機会原価とは，犠牲にされる経済的資源を，他の代替的用途に振り向ければ得られるはずの最大の利益額，つまり最大の逸失利益額で測定した原価のことをいう。例えば，工場の敷地の中に不用材料を収納した倉庫があるとしよう。この倉庫の原価を支出原価で測定するなら，ほとんど支出は必要なく倉庫の原価は少ないであろう。したがって，不用材料を収納するだけでもったいないが，原価もかかっていないので問題ないだろうと考えてしまうかもしれない。しかし，この倉庫にはいろいろな使い道があるとしよう。もし不用材料を処分すれば，外部にこの倉庫を貸して月額８万円の賃借料を得ることができる。あるいは，現在外部から月額10万円で借りている別の倉庫に収納している材料をこちらの倉庫に移せば，10万円の賃借料を節約できる。その他の用途も含めて比較してみた結果，現在賃借中の倉庫に収納している材料をこちらの倉庫に移すのが一番有利であるとする。こういう状況では，不用材料を収納している倉庫は，支出原価はたとえゼロでも，この倉庫を他の用途に振り向ければ得られるはずの利益を断念して不用材料の保管に使用していることになる。そこで，原価計算担当者が，この倉庫には月額10万円の機会原価がかかっていると経営者に報告するなら，経営者は驚いて，改善措置をとることになる。

以上の簡単な例から知られるように，支出原価は原価の実績把握や財務諸表作成に利用されるが，経営意思決定のためには機会原価が利用されることが少なくない。

❷「原価計算基準」の原価概念

「原価計算基準」第一章 三 では，特殊原価調査を除外し，原価計算制度に当てはまる原価の一般概念を規定している。その要点は，次のとおりである。

① 経営活動（生産活動と販売活動）に必要なものであること。

② 経済的資源の消費額であること。

③ 経営給付にかかわらせて把握したものであること。

④ 正常な経営活動上発生したものであること。

これら4点は，それぞれ，**原価計算制度上の原価の要件**を示している。①の要件は，経営目的に関連しない資源の消費は原価とはならないということを意味している。ここで注意すべきは，経営目的とは生産活動と販売活動のことであり，財務活動は含まれていない。②の要件は，経済的資源（原価財）を購入しただけでは原価とならないということ，つまり，原価は原価財を経営目的で消費したときに認識されるということである。③の要件は，原価は常に「何かの原価」として計算されるということから導かれる。この点については4❶で詳しく説明する。④は，原価の正常性を求める要件である。異常な事態で発生した資源の消滅は，資源犠牲には違いないが，原価計算制度上は非原価とされる。非原価項目については，❹で後述する。

❸ 原価の要素，種類，態様

① 原価構成図

原価の要素（構成要素）は，原価構成図に示される。通常，原価構成図は図表１－５のように作成される。

各原価要素の具体的費目を例示すれば，次のとおりである。

直接材料費……素材費（鋼材，鋳物，非鉄金属など），買入部品費

直接労務費……機械工賃金，組立工賃金，塗装工賃金，包装工賃金

直 接 経 費……外注加工賃，特許権使用料，試作費

間接材料費……補助材料費（溶接材，補修用鋼材など），工場消耗品費（機械油，電球，作業服，ベルトなど），消耗工具器具備品費（スパナ，ドライバー，机，椅子，自転車，消火器など）

間接労務費……直接工間接賃金，間接工賃金，技術職員給料，事務員給料，従業員賞与・手当，退職給付引当金繰入額，法定福利費

間 接 経 費……減価償却費，賃借料，保険料，修繕料，電灯電力料，ガス代，水道料，租税公課，保管料，旅費交通費，棚卸減耗費，雑費

販　売　費……荷造運搬費，販売員給料，広告費，交際費，減価償却費

一般管理費……役員給料，事務職員給料，賞与・手当，減価償却費，技術研究費

なお，図表１－５では，製造原価は製造直接費と製造間接費とに大別されている。しかし，業種によっては，原料費（直接材料費）と加工費に大別される。

図表1－5 原価構成図

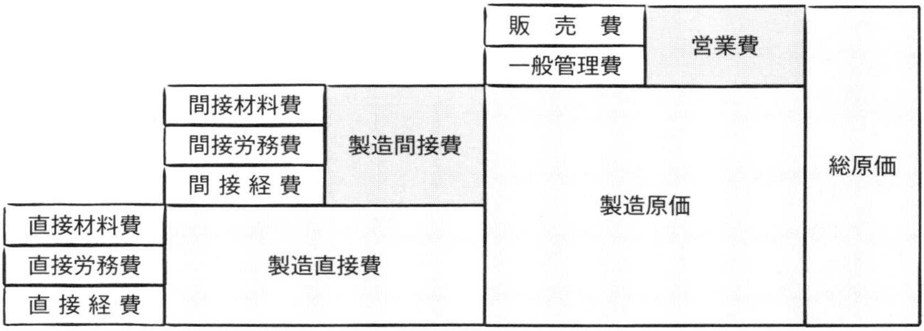

② 原価の諸分類

原価は，さまざまな観点から分類される。上記原価構成図も，そうした種々の分類を組み合わせて作成されている。代表的な分類の観点と，その具体的原価を示すと，次のようになる。

	分類の観点	具体的原価
①	原価の形態別分類	材料費，労務費，経費
②	製品との関連による分類	直接費，間接費
③	企業活動の職能による分類	製造原価，販売費，一般管理費
④	収益との対応関係による分類	製品原価，期間原価
⑤	原価算定の時点による分類	実際原価，予定原価
⑥	原価の予定の仕方による分類	見積原価，標準原価，予算原価
⑦	原価態様による分類	変動費，固定費，準変動費，準固定費
⑧	原価の管理可能性による分類	管理可能費，管理不能費

❹ 非原価項目

非原価項目とは，「原価計算基準」に「原価計算制度において，原価に算入しない項目」と規定されている。非原価とされる理由と非原価項目の具体例は，次のとおりである。

	非原価とされる理由	具　体　例
①	経営目的に関連しない価値の減少	• 投資資産，未稼働設備等の減価償却費等の費用 • 支払利息などの財務費用
②	異常な状態を原因とする価値の減少	• 発生原因それ自体が異常 →火災，震災，盗難等の偶発的事故による損失 • 量的に異常 →異常な仕損，棚卸減耗など
③	税法上とくに認められている損金算入項目	• 価格変動準備金繰入額など
④	その他の利益剰余金に課する項目	• 配当金など

4 原価計算

❶ 原価計算の意義

製造企業では，製品を製造し販売するが，原価計算によって，その製品の製造原価を計算することができる。原価計算により，財務諸表作成に必要な原価情報を得ることができ，製品の販売価格を適切に決定することも可能となる。さらに，製造原価や販売費の管理を適切に行うことが可能となる。このように理解して原価計算の意義を図示すれば，図表１－６のようになる。

原価計算では，原価財を製造活動に投入（消費）するとき，原価発生額（原材料費，労務費，減価償却費など）を計算するが，その原価発生額は，単にその金額を計算するだけでなく，その資源消費の結果である製造活動の産出物（アウトプット）にかかわらしめて把握する。このことから，「経営における産出物（アウトプット）を給付（または経営給付）というが，経済的資源の投入（インプット）とその結果である産出物（アウトプット）の比較計算，言い換えれば原価と給付の比較計算が原価計算である」と説明されることがある。「原価と給付の比較計算が原価計算」ということは，「原価を給付にかかわらせて把握するのが原価計算」あるいは「原価を給付に集計するのが原価計算である」といっても，意味は同じである。

図表１－６は，具体的な工場の活動を連想させてくれるので，原価計算の意義を理解するのに大変便利である。しかし，この図でイメージされるのは，

図表1－6　原価計算の意義（狭義のイメージ）

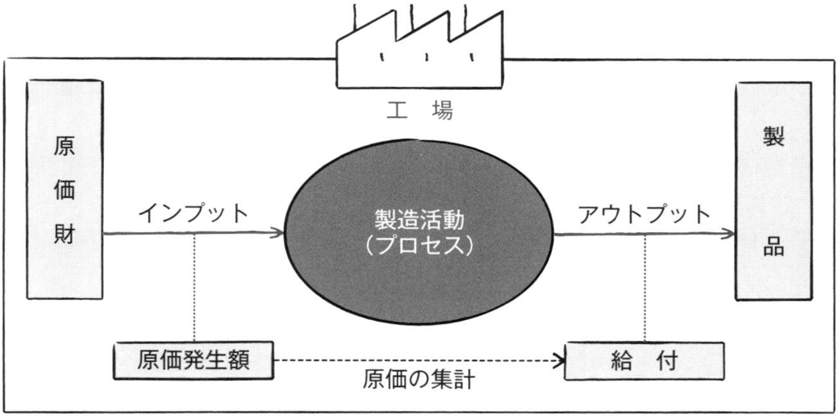

図表１－４における狭義の原価概念に対応する原価計算である。広義の原価概念に対応する原価計算のためには，図表１－６に代えて，図表１－７を描くことができる。

図表１－７を図表１－６と比較すると，いくつかの点で異なっている。まず，図表１－６では工場の製造活動に焦点を当てていたが，図表１－７では企業のさまざまな活動に目を広げている。現在行っている生産・販売活動だけでなく，将来のさまざまな活動計画も含み，新規事業への進出計画や工場の拡張，新設備への切替えなど，さまざまな構造的意思決定のための原価計算も視野に入れている。

また，図表１－７の「原価計算対象」は，図表１－６の「給付」に対応している。図表１－６では原価発生額を給付に集計すると説明しているところ，図表１－７では原価発生額を原価計算対象に集計すると説明している。この点について，20頁の❻原価計算対象も参照していただきたい。

さらに，図表１－６で「原価財」とあるところが，図表１－７では「経済的資源」となっている。「原価財」という言葉は，現在進行中の生産・販売活動のために調達した原材料，労働力，機械・設備などを連想させる。そのような原価計算は工場長のための原価計算であっても，社長のための原価計

図表1－7　原価計算の意義（広義のイメージ）

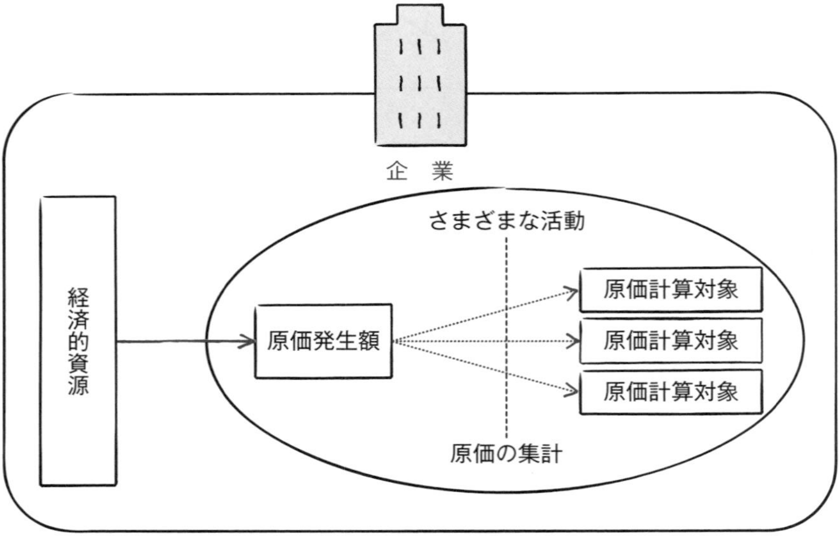

算ではない。社長であれば，今後どの事業分野に進出し，どのように事業展開を図るかを考えながら，将来における具体的な活動のイメージを思い浮かべるだろう。そこで，工場活動で想定される原価財に限定せず，広く企業の経済的資源を視野に入れるため，図表１－７では「経済的資源」の用語を用いている。

❷ 原価計算の目的

原価計算の目的は何か。この問いに対し，製品の原価を計算することであると答える者が少なくない。原価計算といえば，製品原価計算の手続を連想するのであろう。原価計算は工場で行われるものと思い込んでいるのかもしれない。しかし，工場の原価計算目的を答えるとしても，製品原価計算に加えて，原価管理も重要である。また，製品原価計算には財務諸表作成目的と価格決定目的が含まれる。

原価計算の目的を考える時，原価計算をいかにイメージするかが重要なポイントとなる。工場の原価計算であれば，製品原価計算と原価管理が原価計算の主要目的といってよいだろう。しかし，原価計算は単に工場のツールではなく，企業のすべての活動にとって重要な経営管理ツールである。広義の原価計算（図表1－7参照）を想定するなら，原価計算は，事業部の利益計画および利益統制のためにも，また，工場建設や設備投資などの意思決定のためにも必要であり，それらも重要な原価計算目的となる。

以上を要するに，原価計算の目的は次のように要約される。

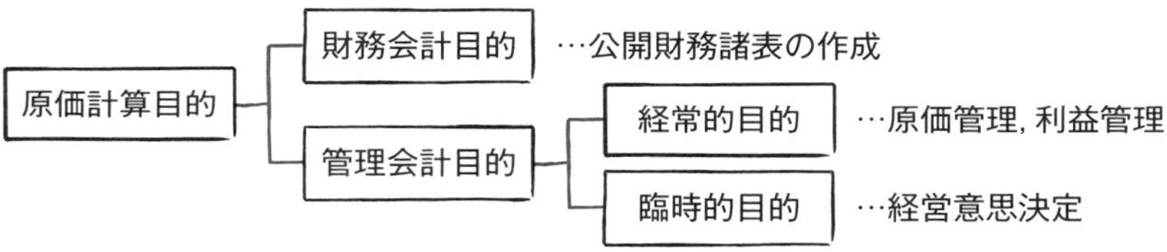

例題1－2

原価計算が利用される目的について説明しなさい。

解答へのアプローチ

原価計算は財務会計と管理会計の両方に役立つが，重点は管理会計への役立ちにあること，また，管理会計目的には経常的目的と臨時的目的があることを述べればよい。

［解　答］……………………………………………………………………………

原価計算の目的は，基本的には，管理会計目的（企業内部の経営管理者に経営管理に役立つ情報を提供）と財務会計目的（企業外部の株主や債権者の意思決定に役立つ情報を提供）に分けられる。後者は棚卸資産原価算定目的ともいわれ，製品の製造原価および営業費を計算し，主として公開財務諸表の作成に役立つ情報を提供することである。

管理会計目的は，経営者が日々の業務活動のために必要とする目的（経常的目的）と臨時的に特別に必要とする目的（臨時的目的）とに分けられる。経常的目的（業績管理目的）では，企業の組織目標（計画）を策定し，その全社的目標の実現のために企業の組織を構成する各部門に予算や標準の形で目標を割り当て，予算・実績の比較，標準・実績の比較を通じて目標をどの程度達成したかにより，経営管理者の業績を評価・管理するための情報を提供する。経常的目的の原価計算は，利益管理目的の原価計算と原価管理目的の原価計算に分類される。同時に，原価計算は，経営管理者の臨時的目的にも情報を提供する。経営者は，事業活動の更なる展開，また革新のため，さまざまな臨時的意思決定を行う必要がある。そのような経営意思決定目的のための原価計算は，構造的意思決定目的の原価計算と業務執行的意思決定目的の原価計算とに分類される。

❸ 原価計算の種類と形態

原価計算の方法は，いろいろとあり得る。どのような観点で原価計算を行うのか，どのような状況下で原価計算を行うのかで，原価計算の種類と形態は多様である。

原価計算の種類と形態について，主たるものを示せば，次のとおりである。

	分類の観点	原価計算の種類ないし形態*
①	複式簿記との結合関係	原価計算制度，特殊原価調査
②	企業が遂行する職能区分	製造原価計算，営業費計算，総原価計算
③	原価算定の時点	事前原価計算，事後原価計算
④	事前単位原価を組み込むか否か	実際原価計算，予定原価計算
⑤	製品原価の構成内容	全部原価計算，直接原価計算
⑥	原価負担者計算の方法	個別原価計算，総合原価計算

＊　①から⑤の分類が原価計算の種類，⑥の分類が原価計算の形態とよばれる（番場嘉一郎『原価計算論』中央経済社，1963年，107頁）。

原価計算は，複式簿記と有機的に結びつき常時継続的に行われるか否かにより，原価計算制度と特殊原価調査に分類される。**原価計算制度**は，経常的目的に役立つ経常計算であり，**特殊原価調査**は，臨時的意思決定目的に役立つべく行われる臨時計算としての原価計算である。

製造企業の職能は，購買（調達），製造，販売，一般管理などに区分される。これらの区分に応じて，調達原価計算，製造原価計算，販売費計算，一般管理費計算などが区分される。製造原価計算では，製造過程における材料費，労務費および経費が計算されるが，それらの費用には，材料，労働力，用役の調達費が含まれている。したがって，製造原価計算は，調達職能と製造職能とにわたる計算となる。

総原価計算とは，原価負担者（製品）に対し，製造原価だけでなく販売費および一般管理費を負担させる計算である。総原価計算では，企業が遂行するすべての職能にわたる原価を製品に集計する。

原価算定の時点にもとづく分類では，**事前原価計算**と**事後原価計算**とに区分される。製品の製造活動を開始する前に製品の原価を算定するのは事前原価計算，製造活動開始後に実際に生産した製品の原価を算定するのは事後原価計算である。

事前に算定した製品の単位当たり原価を製品原価計算に組み込むか否かという観点から，実際原価計算と予定原価計算が区分される。予定原価計算は，さらに，見積原価計算と標準原価計算に区分される。製品単位当たりの予定原価の算定は事前原価計算であるが，それを組み込んで行われる予定原価計算は事後原価計算である。

❹ 原価計算の手続

原価計算は，正式な手続によれば,「費目別計算→部門別計算→製品別計算」の３段階を経て行われる。

❺ 原価（計算）単位

製品別に原価を把握するとき，製品１個当たりの原価，１箱当たりの原価，1,000個当たりの原価を計算するが，そうした１個，１箱，1,000個といった単位が原価単位である。鉄道の原価計算では，人キロ（乗客１人を１km 運ぶ仕事量），あるいはトンキロ（貨物１トンを１km 運ぶ仕事量）が原価単位として利用される。

応用word

★原価単位

原価発生額を原価計算対象（経営給付）に関連づける一定の物量単位のことをいう。原価を関連づける給付量の単位ともいう。原価単位は，原価計算単位とよぶこともある。

❻ 原価計算対象

従来，原価を製品別または部門別に把握するとき，原価を給付単位別に把握するとか，原価を経営給付にかかわらせて把握するといった表現が使われてきた。しかし，近年では，給付に代えて原価計算対象という言葉が多く用いられる。原価計算対象には，製品や部門活動だけでなく，投資プロジェクトや顧客も含まれる。

❼ 原価計算期間

原価計算期間は，原価計算制度において，原価を原価計算対象に集計し，正規の原価報告を行う一定の間隔のことである。通常，原価計算期間は１カ月である。

応用word

★原価計算制度と特殊原価調査

原価計算制度とは，工業簿記（複式簿記）と原価計算が有機的に結合して常時継続的に行われる計算体系である。２級で「原価計算と有機的に結合している工業簿記」を完全工業簿記とよぶことを学習したが（『検定簿記講義２級工業簿記』２頁），「工業簿記と有機的に結合している原価計算」は原価計算制度とよばれる。内容は基本的に同じである。機能の点から見れば，原価計算制度は，財務諸表の作成，原価管理，利益管理などの目的が重点の相違はあっても相共に達成されるべき一定の計算秩序である。

原価計算を工業簿記と結合することは，原価情報の信頼性を高め，会計責任（アカウンタビリティ）と結びついた計算制度にするなどのメリットをもたらす（廣本敏郎・挽文子『原価計算論（第３版）』中央経済社，2015年，92−94頁）。他方で，意思決定のための情報提供の観点からは，原価計算制度には限界がある（同書，565－566頁）。１級では，２級で学習した完全工業簿記を原価計算制度の観点からさらに深く学習するとともに，特殊原価調査である経営意思決定のための原価計算を学習する。

第2章 工業簿記の構造

学習のポイント

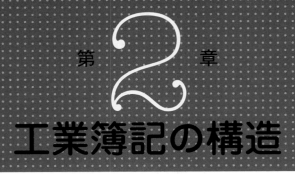

本章では，工業簿記の基本的な構造を学ぶ。

1．材料，仕掛品および製品の勘定科目間の関係および振替が，原価計算関係の勘定体系において重要である。

2．工業簿記の月次決算において月末にまとめて原価計算関係の処理をする場合，特殊仕訳帳への合計仕訳と元帳への合計転記をする。

3．材料元帳，原価元帳，製品元帳といった補助元帳は，総勘定元帳における統制勘定である材料勘定，仕掛品勘定，製品勘定の明細を表す。

4．期中に原価計算を実施していない場合には，①棚卸計算法による丼勘定方式（商的工業簿記を利用する方法）と，②期末に原価計算を含めた決算手続をする方法が考えられる。製造欄を加えた10桁精算表の作成が可能である。

5．工業簿記における財務諸表としては，製造活動を明らかにする製造原価報告書（製造原価明細書）の作成が，貸借対照表と損益計算書の作成と並んで重要である。

6．翌年度の経営計画である基本予算の編成では，予算損益計算書や予算貸借対照表などの予算財務諸表を見積もる。

1 勘定体系

❶ 工業簿記の勘定体系の特質

工業簿記では，購入と販売に関する勘定科目のほかに，工業に特有の製造活動に関する勘定科目が加わる。すなわち，製造に要する機械，器具，特許権などの技術的施設に関する諸勘定と，製造にかかわる原価の集計，振替記録をする諸勘定をもたなくてはならない。企業は，その製造活動の内容，生産物の種類などによって，もっとも適した勘定科目を定める。製品，半製品，副産物，作業屑などが生産されるならば，それらの勘定科目も必要になる。

例題2－1

次の資料1～3により，営業利益を計算しなさい。

[資　料]

1　期首有高

主要材料　1,000千円　　仕掛品　3,000千円

補助材料　　500千円　　製　品　4,000千円

2　期中取引

(1)　材料掛仕入高

主要材料　20,000千円（消費額は直接材料費とする）

補助材料　 1,000千円（消費額は間接材料費とする）

(2)　当期賃金支払高

直接工賃金　6,000千円（すべて直接労務費とする）

間接工賃金　9,000千円（すべて間接労務費とする）

(3)　その他の諸経費支払い・発生高

間接経費　14,500千円

販売費及び一般管理費　25,000千円

(4)　当期掛売上高　80,000千円

3　期末有高

主要材料　1,500千円　　仕掛品　2,000千円

補助材料　　200千円　　製　品　5,000千円

解答へのアプローチ

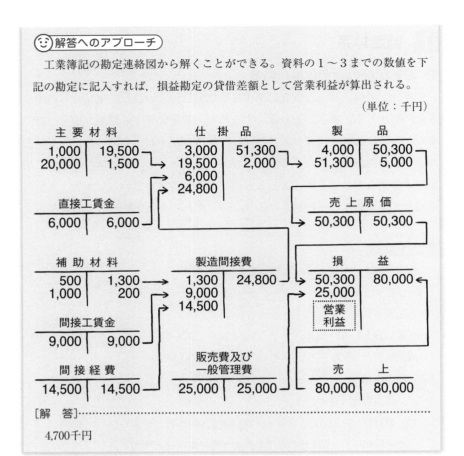

工業簿記の勘定連絡図から解くことができる。資料の１～３までの数値を下記の勘定に記入すれば，損益勘定の貸借差額として営業利益が算出される。

（単位：千円）

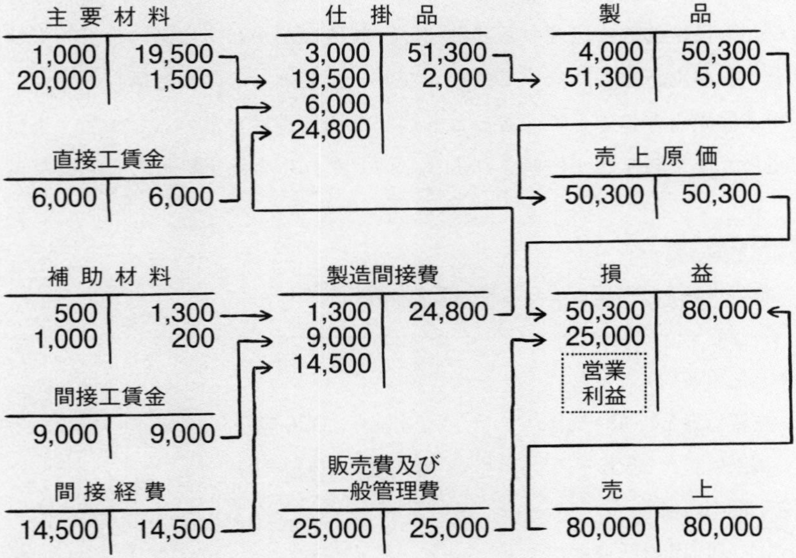

［解　答］……………………………………………………………………………

4,700千円

❷ 勘定科目の分類

勘定科目分類表とは，その企業で使用するすべての勘定を分類・明記した表であり，そこでの諸勘定は，貸借対照表勘定と損益計算書勘定とに大別される。貸借対照表勘定に100から399，損益計算書勘定に400から999までの３桁の数字を使用した例を次に示す。

図表2－1 勘定科目分類表

貸借対照表勘定

資産	負債および純資産
資産(100～199) 　流動資産(100～139) 　　100 当座資産 　　110 棚卸資産 　　　111 製品 　　　115 半製品 　　　118 仕掛品 　　　121 原材料 　　　125 貯蔵品 　　　129 棚卸減耗引当金 　　130 その他資産 　固定資産(140～189) 　　140 有形固定資産 　　　142 機械装置 　　　　⋮ 　　160 減価償却累計額 　　　162 機械装置減価償却累計額 　　　　⋮ 　　170 無形固定資産 　　　171 特許権 　　180 投資その他資産 　繰延資産(190～199)	負債および純資産(200～399) 　流動負債(200～239) 　　200 買掛金 　　210 支払手形 　　　⋮ 　固定負債(240～299) 　　240 社債 　　　⋮ 　純資産(300～399) 　　300 資本金 　　　⋮

損益計算書勘定

売上高(400～499)
　400 売上高
売上原価(500～589)
　550 直接材料費
　560 直接労務費
　570 直接経費
　580 製造間接費
賃金・給料(590～599)
製造間接費(600～699)
　600 製造間接費統制
　699 配賦製造間接費
原価差異(700～799)
販売費及び一般管理費(800～899)
　800 販売費統制
　850 一般管理費統制
　　⋮

2 帳簿組織

❶ 特殊仕訳帳と元帳への転記

工業簿記では，製造活動を記録するために多くの補助記入帳や補助元帳を用いる。また，補助記入帳は**特殊仕訳帳**として用いられることも多い。材料の仕入と出庫を記録する材料仕入帳と（出庫）材料仕訳帳，賃金・給料の支払いと消費の記録を行う給与支給帳と消費賃金仕訳帳，外注加工賃の記録を行う外注加工品受払帳などが特殊仕訳帳の例である。これらの仕訳帳からは，一般仕訳帳（普通仕訳帳）に合計仕訳され，総勘定元帳の各勘定に転記されることになる。また，材料元帳，原価元帳，製品元帳などの補助元帳には，特殊仕訳帳から個別転記される。一例を示すならば，次のようになる。

図表２－２ 仕訳帳と元帳

仕訳帳 （取引の科目別分類記録）	総勘定元帳 （科目別の計算整理記録）	補助元帳 （主要科目の明細記録）
一般仕訳帳 （普通仕訳帳） 特殊仕訳帳 材料仕訳帳 出庫材料仕訳帳 給与支給帳 消費賃金仕訳帳 売上帳 ⋮	材料 仕掛品 製品 製造間接費 売上原価 賃金・給料 製造経費 売上 ⋮	材料元帳 原価元帳 製品元帳 製造間接費元帳 売上原価元帳 仕入先元帳 得意先元帳 ⋮

❷ 原価記録と財務記録

原価計算の計算結果である原価記録は**補助元帳**に記録され，工業簿記の計算結果である財務記録は**統制勘定**に記録される。補助元帳には内訳記録が，統制勘定にはその合計記録が記録されるという関係で，原価記録と財務記録は有機的に結合される。材料から製品が完成するまでの原価記録と財務記録との関係は，図表２－３のとおりである。

図表2－3 補助元帳と統制勘定の関係

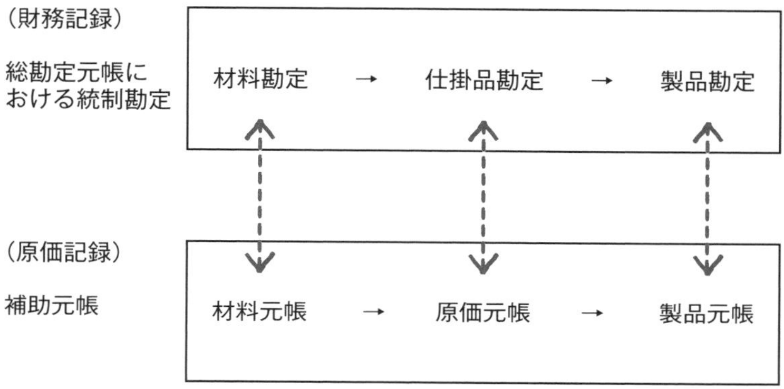

3 決算手続

❶ 製造企業における精算表

① 商的工業簿記

商的工業簿記とは「丼勘定方式」とよばれる原始的な工業簿記であり，原価計算を行わず，棚卸計算方法にもとづいて計算記録を行う。外部取引のみを商業簿記の計算記録方法によって記録し計算していく。

ここでは，製造企業に特有の棚卸資産である材料・仕掛品・製品の期末棚卸の結果をもとに，材料費，完成品製造原価，売上原価を計算する。

材料勘定から　→材料費＝期首有高＋当期仕入高－期末有高
仕掛品勘定から→完成品製造原価＝期首有高＋当期製造費用－期末有高
製品勘定から　→売上原価＝期首有高＋完成品製造原価－期末有高

この計算は精算表の作成においても同様である。

応用word

★商的工業簿記と精算表

商的工業簿記では，原価計算を行わず，棚卸計算方法にもとづいて計算記録を行う。このとき，精算表において当期製品製造原価を算定する製造欄を設ける場合と設けない場合がある。製造欄があると，10桁精算表の形式になるが，製造欄の内容は製造原価報告書（製造原価明細書）であり，損益計算書欄における売上原価を算定するための内訳を示すことになる。

例題2－2

MG社の目黒工場では，原価計算を行わない商的工業簿記を採用している。以下の資料から，⑴製造欄のない精算表と⑵製造欄を設けた精算表を作成しなさい。なお，決算の際に，減価償却費勘定は用いないものとする。

[資　料]……………………………………………………………………………

1　会計期間は1年であって，20X1年4月1日における期首残高試算表は次のとおりである（金額単位は千円とする。以下同様）。

残高試算表

現　　金	25,000	買　掛　金	15,000
売　掛　金	20,000	減価償却累計額	40,000
材　　料	10,000	資　本　金	155,000
仕　掛　品	25,000		
製　　品	30,000		
機　　械	100,000		
	210,000		210,000

2　期中の外部取引を要約すれば，次のとおりである（1で示された勘定のほかに，賃金・給料，製造経費，営業費の勘定を用いている）。

①　材料の掛仕入　　　90,000（消費額はすべて直接材料費とする）

②　当期賃金現金支払高（当期賃金発生高と等しいものとする）

　　直接工　　50,000（すべて直接労務費とする）

　　間接工　　20,000（すべて間接労務費とする）

③　その他の諸経費現金支払高

　　製造経費　　25,000（すべて間接経費とする）

　　営業費　　40,000

④　掛売上高　　400,000

⑤　売掛金現金回収高　300,000

⑥　買掛金現金支払高　100,000

3　決算整理事項は以下のとおりである（製造間接費勘定を追加する）。

①　製造用機械の当期減価償却費　10,000

②　材料期末棚卸高　20,000

③　仕掛品期末棚卸高　30,000

④　製品期末棚卸高　20,000

解答へのアプローチ

期中取引を仕訳の形で示せば，以下のとおりである。

①(借)	材　　料	90,000	(貸)	買　掛　金	90,000
②(借)	賃金・給料	70,000	(貸)	現　　金	70,000
③(借)	製造経費	25,000	(貸)	現　　金	25,000
(借)	営　業　費	40,000	(貸)	現　　金	40,000
④(借)	売　掛　金	400,000	(貸)	売　　上	400,000
⑤(借)	現　　金	300,000	(貸)	売　掛　金	300,000
⑥(借)	買　掛　金	100,000	(貸)	現　　金	100,000

(1)　製造欄のない精算表を作成する場合の決算整理仕訳

①　減価償却費の計算

(借)	製造間接費	10,000	(貸)	減価償却累計額	10,000

②　直接材料費（80,000千円＝10,000千円＋90,000千円－20,000千円）を仕掛品勘定に振り替える。

(借)	仕　掛　品	80,000	(貸)	材　　料	80,000

③　直接労務費を仕掛品勘定に振り替える。

(借)	仕　掛　品	50,000	(貸)	賃金・給料	50,000

④　資料２の間接労務費と間接経費を集計し，減価償却費も含めて，製造間接費勘定から仕掛品勘定に振り替える。

（借）	製造間接費	20,000	（貸）	賃金・給料	20,000
（借）	製造間接費	25,000	（貸）	製造経費	25,000
（借）	仕掛品	55,000	（貸）	製造間接費	55,000

⑤　完成品製造原価を計算し（180,000千円＝25,000千円＋（80,000千円＋50,000千円＋55,000千円）－30,000千円），製品勘定に振り替える。

（借）	製品	180,000	（貸）	仕掛品	180,000

⑥　売上原価を計算する（190,000千円＝30,000千円＋180,000千円－20,000千円）。

（借）	売上原価	190,000	（貸）	製品	190,000

(2)　製造欄を設けた精算表の場合の決算整理仕訳

製造間接費の集計に関する処理は，(1)④の場合と同様である。

①　材料勘定で次の決算整理仕訳を行うことにより，80,000千円の直接材料費が製造欄に，20,000千円の期末材料棚卸高が貸借対照表欄に振り替えられる。

（借）	材料	20,000	（貸）	材料	20,000

②　仕掛品勘定で次の決算整理仕訳を行うことにより，製造欄で当期製品製造原価が計算でき，損益計算書欄に振り替えられる。

（借）	仕掛品	30,000	（貸）	仕掛品	30,000

③　製品勘定で次の決算整理仕訳を行うことで，損益計算書欄で売上原価の計算が計算できる。

（借）	製品	20,000	（貸）	製品	20,000

[解　答]

(1) 製造欄のない精算表

精　　算　　表

20X2年3月31日　　　　(単位：千円)

勘定科目	決算整理前残高試算表		整理記入		損益計算書		貸借対照表	
	借方	貸方	借方	貸方	借方	貸方	借方	貸方
現　　金	90,000						90,000	
売 掛 金	120,000						120,000	
材　　料	100,000			② 80,000			20,000	
仕 掛 品	25,000		② 80,000	⑤180,000			30,000	
			③ 50,000					
			④ 55,000					
製　　品	30,000		⑤180,000	⑥190,000			20,000	
機　　械	100,000						100,000	
買 掛 金		5,000						5,000
減価償却累計額		40,000		① 10,000				50,000
資 本 金		155,000						155,000
売　　上		400,000				400,000		
賃金・給料	70,000			③ 50,000				
				④ 20,000				
製造経費	25,000			④ 25,000				
営 業 費	40,000				40,000			
製造間接費			① 10,000	④ 55,000				
			④ 20,000					
			④ 25,000					
売上原価			⑥190,000		190,000			
当期純利益					170,000			170,000
	600,000	600,000	610,000	610,000	400,000	400,000	380,000	380,000

(2) 製造欄を設けた精算表

精　算　表

20X2年3月31日　　(単位：千円)

勘定科目	決算整理前残高試算表		整理記入		製造		損益計算書		貸借対照表	
	借方	貸方	借方	貸方	借方	貸方	借方	貸方	借方	貸方
現金	90,000								90,000	
売掛金	120,000								120,000	
材料	100,000		①20,000	①20,000	80,000				20,000	
仕掛品	25,000		②30,000	②30,000	25,000	30,000			30,000	
製品	30,000		③20,000	③20,000			30,000	20,000	20,000	
機械	100,000								100,000	
買掛金		5,000								5,000
減価償却累計額		40,000		(1)①10,000						50,000
資本金		155,000								155,000
売上		400,000						400,000		
賃金・給料	70,000			(1)④20,000	50,000					
製造経費	25,000			(1)④25,000						
営業費	40,000						40,000			
製造間接費			(1)①10,000 (1)④20,000 (1)④25,000		55,000					
当期製品製造原価						180,000	180,000			
当期純利益							170,000			170,000
	600,000	600,000	125,000	125,000	210,000	210,000	420,000	420,000	380,000	380,000

② 完全工業簿記

期中には原価計算を行わないが，期末に一括して原価計算を実施する場合がある。この場合，決算的には商的工業簿記に準じることになる。すなわち，決算整理として，原価計算を行えばよい。

原価計算が継続的に行われている**完全工業簿記**においては，製造活動における原価の移転にもとづいて諸勘定に振替記録を行う。したがって，精算表においても，材料・仕掛品・製品の各勘定について受け払いの継続記録が行われている限り，決算整理前試算表欄の材料・仕掛品・製品の金額は，期末の帳簿価額が示されているので，そのまま貸借対照表欄に振り替えるのみであり，棚卸減耗損や原価差異の処理を除いて，原則として決算整理の必要はない。

❷ 月次決算と年次決算

原価計算期間とは，原価計算制度において正規の原価報告を行うための一定の間隔のことである。この原価計算期間は，原価計算に要する手間を簡略にするために3カ月とすることもあれば，より経営管理に役立つカレントな原価情報を経営管理者に提供するために1週間とすることも可能である。企業はこの期間を任意に決定できるが，通常は1カ月である。工業簿記では，このような理由から，**月次決算**を行うことが多い。

月次決算はあくまで仮決算であるから，月次損益勘定に集計される損益諸項目は，通常は営業損益の計算に必要な項目に限られるし，実地棚卸も原則として行われない。月次損益勘定において算定される営業損益は，毎月月次損益勘定から年次損益勘定に振り替えられる（月次損益勘定で次月に繰り越し，本決算月にその純額を年次損益勘定に振り替えることもできる）。営業年度末の決算においては，営業外収益・営業外費用と特別利益・特別損失が年次損益勘定に振り替えられる。

図表2－4　月次損益と年次損益への振替

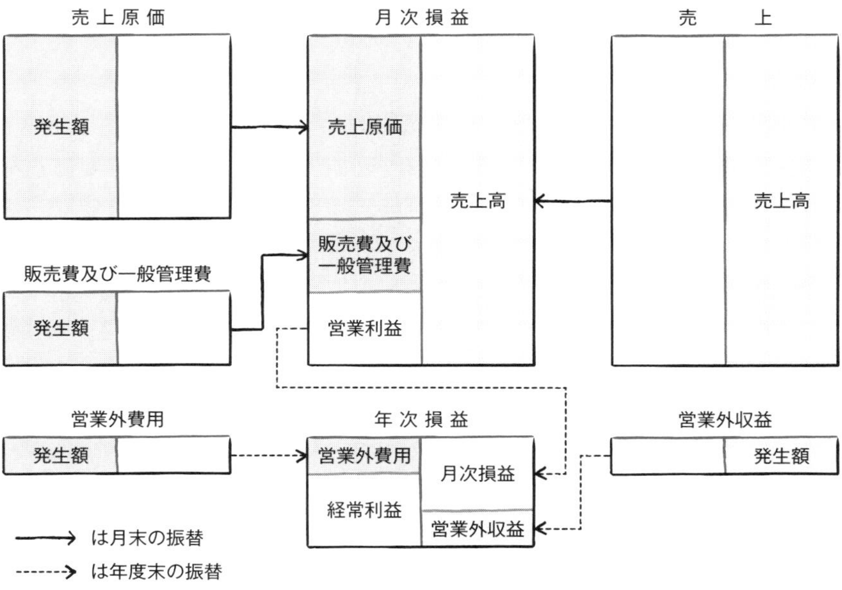

4 財務諸表

❶ 貸借対照表

工業簿記の貸借対照表には，商業簿記と比べて，次のような特徴がある。

① 製品，半製品，仕掛品，原材料，貯蔵品などの棚卸資産がある。

② 機械装置，特許権などの製品製造にかかわる固定資産がある。

❷ 損益計算書

工業簿記の損益計算書には，商業簿記と比べて，次のような特徴がある。

① **売上原価の表示**……売上原価は，製品の期首棚卸高に当期製品製造原価を加え，期末製品棚卸高を控除することによって計算する（財務諸表等規則第75条）。

② **原価差異の表示**……工業簿記では，原価差異が表示されうる。すなわち，予定計算をしている場合に生じる原価差額は，売上原価または期末棚卸資産に含めて記載しなければならない。ただし，原価性を有しないと認められるものについては，営業外損益もしくは特別損益の部に記載することになる。

❸ 製造原価報告書（製造原価明細書）

製造原価報告書（製造原価明細書ともいう）とは，当期製品製造原価の内訳を記載したものである。

図表2－5 製造原価報告書（例）

Ⅰ	当期材料費	×××
Ⅱ	当期労務費	×××
Ⅲ	当期経費	×××
	当期総製造費用	×××
	期首仕掛品棚卸高	×××
	合　計	×××
	期末仕掛品棚卸高	×××
	当期製品製造原価	×××

例題2－3

実際原価計算を行っているMG社の下記の資料にもとづき，製造原価報告書および損益計算書を完成しなさい。製造間接費の予定配賦から生ずる原価差額は，売上原価に課するものとする。

［資　料］

（単位：千円）

(1)	直接材料期首有高	30,000	(10)	直接材料期末有高	10,000
(2)	仕掛品期首有高	20,000	(11)	仕掛品期末有高	24,000
(3)	製品期首有高	40,000	(12)	製品期末有高	50,000
(4)	直接工賃金期首未払高	13,000	(13)	直接工賃金期末未払高	15,000
(5)	販売費及び一般管理費	19,000	(14)	直接材料当期仕入高	80,000
(6)	製造間接費当期予定配賦額	63,000	(15)	直接工賃金当期支払高	39,000
(7)	間接材料費当期実際発生額	11,000	(16)	売上高	210,000
(8)	間接労務費当期実際発生額	20,000	(17)	営業外収益	40,000
(9)	間接経費当期実際発生額	34,000	(18)	営業外費用	4,000

製造原価報告書

20X1年4月1日～20X2年3月31日　（単位：千円）

Ⅰ　直接材料費		
期首棚卸高	(　　　)	
当期仕入高	(　　　)	
計	(　　　)	
期末棚卸高	(　　　)	(　　　)
Ⅱ　直接労務費		(　　　)
Ⅲ　製造間接費		
間接材料費	(　　　)	
間接労務費	(　　　)	
間接経費	(　　　)	
計	(　　　)	
製造間接費差異	(　　　)	
製造間接費配賦額		(　　　)
[　　　　　]		(　　　)
期首仕掛品棚卸高		(　　　)
合　計		(　　　)
期末仕掛品棚卸高		(　　　)
[　　　　　]		(　　　)

損益計算書

20X1年４月１日〜20X2年３月31日　（単位：千円）

Ⅰ	売上高		(　　　)
Ⅱ	売上原価		
	1　期首製品棚卸高	(　　　)	
	2　［　　　　　］	(　　　)	
	計	(　　　)	
	3　期末製品棚卸高	(　　　)	
	差引	(　　　)	
	4　原価差異	(　　　)	(　　　)
	売上総利益		(　　　)
Ⅲ	販売費及び一般管理費		(　　　)
	［　　　　　］		(　　　)
Ⅳ	営業外収益		(　　　)
Ⅴ	営業外費用		(　　　)
	経常利益		(　　　)

〔以下，省略〕

解答へのアプローチ

製造原価報告書は当期製品製造原価を計算するので仕掛品勘定と内容的には同じである。当期製品製造原価は損益計算書の売上原価の内訳項目になる。製造原価報告書の総製造費用は，材料費，労務費，経費の合計額であるが，これを直接費と間接費に分類すれば，直接材料費，直接労務費，直接経費，製造間接費の合計額でもある。

仕　掛　品

借方		貸方		
期首棚卸高	(2)	当期製品製造原価		──►製品勘定へ
直接材料費	(1)＋(14)−(10)	期末棚卸高	(11)	
直接労務費	(15)−(4)＋(13)			
製造間接費配賦額	(6)			

製造間接費

借方		貸方		
実際発生額	(7)＋(8)＋(9)	製造間接費配賦額	(6)	
		配賦差異		──►売上原価勘定へ

［解　答］

製造原価報告書

20X1年４月１日～20X2年３月31日　（単位：千円）

Ⅰ　直接材料費		
期首棚卸高	（30,000）	
当期仕入高	（80,000）	
計	（110,000）	
期末棚卸高	（10,000）	（100,000）
Ⅱ　直接労務費		（41,000）
Ⅲ　製造間接費		
間接材料費	（11,000）	
間接労務費	（20,000）	
間接経費	（34,000）	
計	（65,000）	
製造間接費差異	（2,000）	
製造間接費配賦額		（63,000）
当期総製造費用		（204,000）
期首仕掛品棚卸高		（20,000）
合　計		（224,000）
期末仕掛品棚卸高		（24,000）
当期製品製造原価		（200,000）

損益計算書

20X1年４月１日～20X2年３月31日　（単位：千円）

Ⅰ　売上高		（210,000）
Ⅱ　売上原価		
1　期首製品棚卸高	（40,000）	
2　当期製品製造原価	（200,000）	
計	（240,000）	
3　期末製品棚卸高	（50,000）	
差引	（190,000）	
4　原価差異	（2,000）	（192,000）
売上総利益		（18,000）
Ⅲ　販売費及び一般管理費		（19,000）
営業損失		（1,000）
Ⅳ　営業外収益		（40,000）
Ⅴ　営業外費用		（4,000）
経常利益		（35,000）

〔以下，省略〕

5 予算財務諸表

基本予算（**総合予算**）は，翌年度の経営計画を計数的に表明したものであり，損益予算と財務予算から構成されている。損益予算案の編成においては通常，販売予算の策定から始まり，その販売計画に従って製造予算を作成し，最終的に**予算損益計算書**を見積もる。財務予算案の編成においては，翌年度の設備投資予算と損益予算をもとに，現金収支予算を月次あるいは四半期ごとに作成し，最終的に**予算貸借対照表**および**予算キャッシュ・フロー計算書**を見積もる。予算損益計算書と予算貸借対照表は密接な関係にあり，予算損益計算書を途中まで完成したら，現金収支予算や予算貸借対照表の作成に移り，さらに予算損益計算書の作成に戻り，最後に予算貸借対照表を完成させることになる。予算統制においては，基本予算にもとづき，月別に予算と実績を比較し，差異の原因を明らかにし，必要に応じて経営改善の措置をとる。

練習問題 2－1

下記の決算整理事項にもとづき，精算表を完成しなさい。

(1) 材料実地棚卸高　　　180千円

(2) 売上債権期末残高に対して３％の貸倒引当金を設定する（差額法）。

(3) 製造間接費勘定と製造間接費配賦勘定との差額および棚卸減耗引当金の差額は売上原価に加減する。

精　算　表　　（単位：千円）

勘定科目	決算整理前残高試算表		整理記入		損益計算書		貸借対照表	
	借方	貸方	借方	貸方	借方	貸方	借方	貸方
現金預金	100							
売掛金	500							
貸倒引当金		10						
材料	200							
棚卸減耗引当金		50						
仕掛品	250							
製品	350							
固定資産	2,000							
減価償却累計額		800						
諸資産	1,700							
諸負債		1,180						
資本金		3,000						
売上		1,400						
受取利息		60						
売上原価	1,000							
販売費	180							
一般管理費	70							
支払利息	130							
製造間接費	520							
製造間接費配賦		500						
貸倒引当金繰入								
当期純利益								
	7,000	7,000						

➡ 解答は192ページ

第3章 費目別計算

学習のポイント

本章では，材料費計算，労務費計算，経費計算について学ぶ。

1．原価の費目別計算とは，一定期間における原価要素を費目別に分類測定する手続をいい，原価計算における第一次の計算手段である。

2．費目別計算においては，材料費，労務費および経費という形態的分類を基礎とし，これを直接費と間接費に大別する。

3．材料の購入原価は，実際の購入原価に材料副費を加算した金額とするが，材料副費の加算方法にはいくつかの方法がある。

4．材料の消費を継続記録法によって計算する場合，実際の消費量に，その消費価格を乗じて計算する。

5．作業時間または作業量の測定を行う労務費は，実際の作業時間または作業量に賃率を乗じて計算する。賃率は，実際の個別賃率または平均賃率による。

6．間接工賃金などの間接労務費は，原価計算期間の負担に属する要支払額をもって計算する。

7．経費は，支払経費と測定経費に分類できる。数カ月分を一時に総括的に計算または支払う経費については，これを月割り計算する。

8．実際原価計算の費目別計算において，予定価格等を用いて計算することによって生じる主な原価差異には，材料副費配賦差異，材料受入価格差異，材料消費価格差異，賃率差異がある。

9．実際原価計算における原価差異は，材料受入差異を除き，原則として売上原価に賦課する。

1 材料費計算

❶ 材料費の分類

直接材料費には，主要材料費（原料費）と買入部品費がある。**間接材料費**には，補助材料費，工場消耗品費，消耗工具器具備品費がある。補助材料費は，重要であり完全な受払記録をつけて管理すべき間接材料の消費額であり，そうでもない間接材料の消費額は工場消耗品費である。もし，燃料が重要な項目ならば，燃料費という分類を設けることになる。

❷ 材料の購入および記帳手続

図表３－１は，材料を購入し検収，記帳する一例を図示したものである。会計部門では，材料購入請求書，注文書，送り状（代金支払請求書），材料受入報告書といった証ひょう書類によって購入手続のチェックをしたうえで，材料仕入帳に記入するとともに，補助元帳である材料元帳における当該材料品目の材料カードの受入欄の記入を行う。材料仕入帳が特殊仕訳帳の形式であるから，一般仕訳帳に合計仕訳を行い，総勘定元帳の該当勘定に合計転記することになる。

図表３－１　材料購入と記帳の手続図

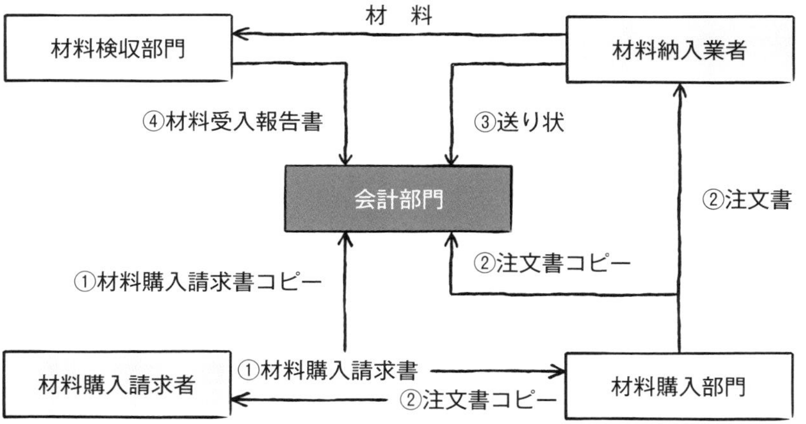

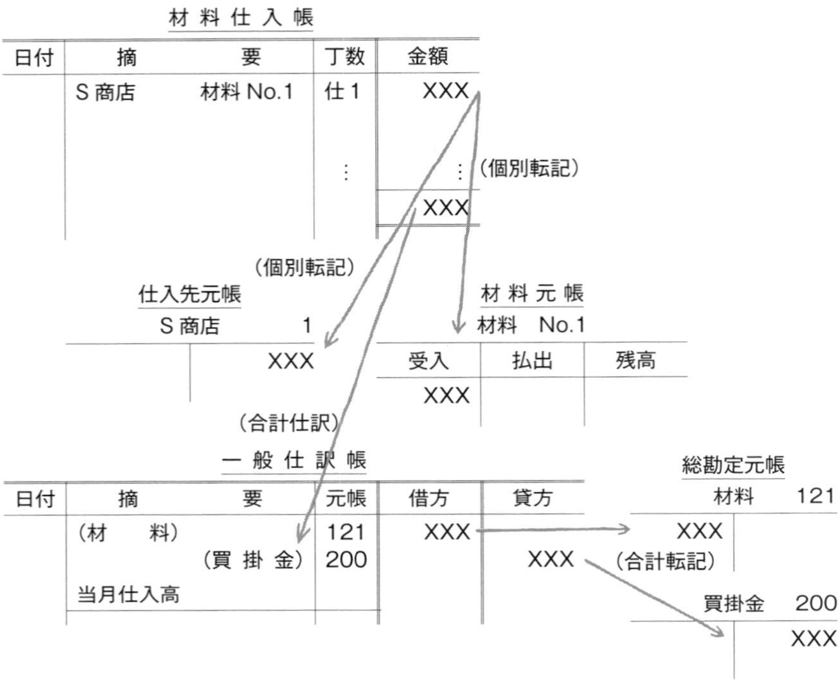

❸ 材料購入原価の計算

理論的には，材料の購入原価は，材料の購入代価（送り状記載価額であって，**材料主費**ともいわれる）に**材料副費**も加えた額である。材料副費には，材料の購入手数料，引取運賃，荷役費，保険料，関税などの引取費用（外部副費）と，材料の購入事務，検収，整理，選別，手入れ，保管などに要する材料取扱・保管費（内部副費）とがある。

実務上はすべての材料副費を算入することが困難であるため，「原価計算基準」では，諸方法のなかからの選択適用を認めている（原価計算基準第2章11(4)）。

1　購入原価＝購入代価＋引取費用　とする方法

2　購入原価＝購入代価＋引取費用＋その他の材料副費　とする方法

3　購入原価＝購入代価＋材料副費予定配賦額　とする方法

加算しない内部副費は，間接経費として処理するか，材料費に配賦することになる。間接経費になるならば，他の製造間接費とともに製品に何らかの基準によって配賦されることになる。また，３のように予定配賦額を用いる場合に生じる差額は，理論的には期末の材料有高，仕掛品，製品，売上原価などに含まれる材料費に追加配賦されなくてはならない。

❹ 材料費の計算

材料費は，材料消費量に消費単価を乗じて計算される。

材料実際消費量は継続記録法で把握すべきであるが，継続記録法の実施が困難，あるいは重要でない材料については，払出記録を省略する棚卸計算法や，製品の完成量から材料の標準（見積）消費量を逆算する方法も適用できる。

材料の実際消費単価は，材料の購入単位原価であるが，同種材料を異なる購入原価で受け入れた場合には，先入先出法，平均法などの仮定にもとづいて計算する。予定価格を用いて計算することもできるが，実際消費額との差額は，異常な状態にもとづくものでなければ，当年度の売上原価に賦課される。

❺ 材料の出庫および記帳手続

図表３－２は，材料を出庫し記帳する一例を図示したものである。

図表３－２ 材料出庫と記帳の手続図

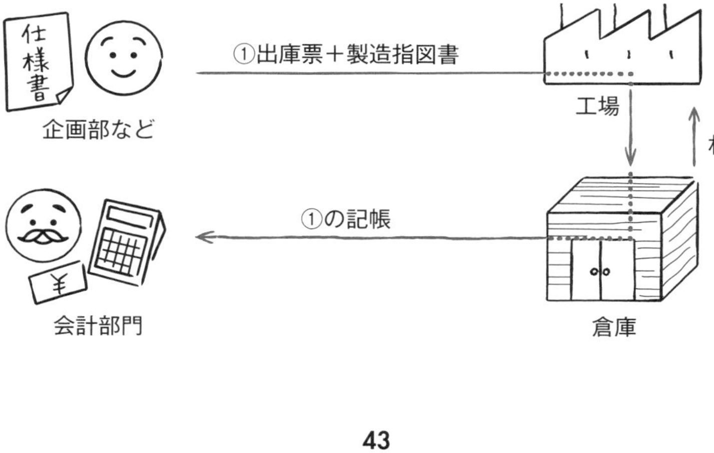

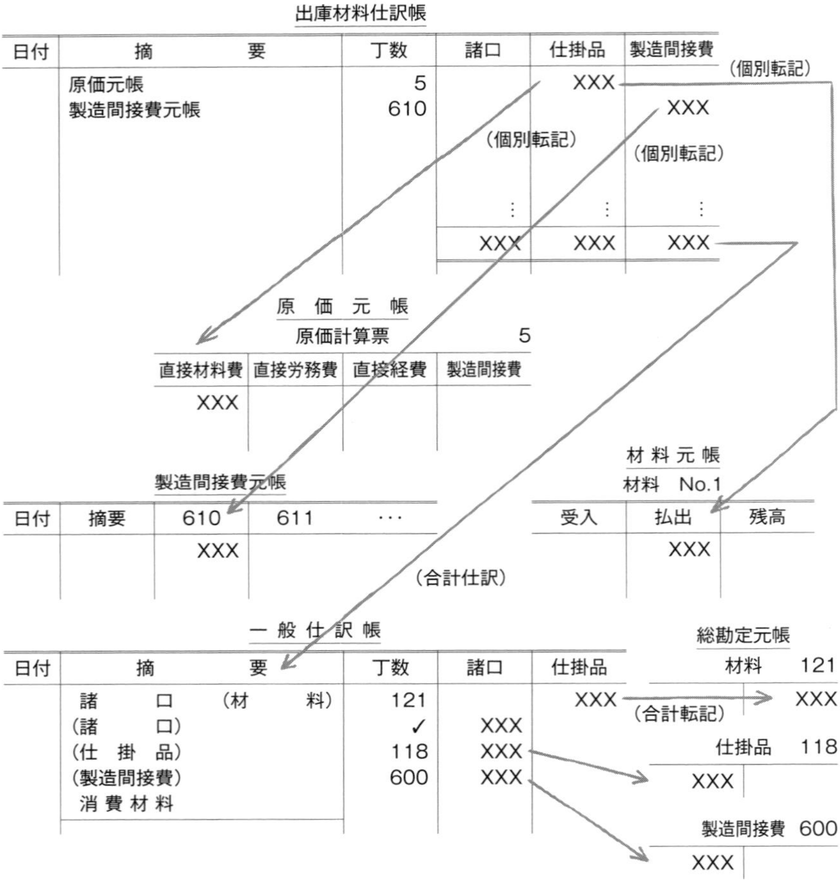

材料の出庫量が記入された出庫票を受け取った会計部門では，材料元帳における当該材料品目の材料カードの払出欄に払出量を記入し，先入先出法，移動平均法などの方法によって計算した消費単価を出庫票に追記し，出庫票で材料の出庫額を計算する。この金額によって出庫材料仕訳帳の記入を行い，直接材料費ならば，原価元帳における当該原価計算票の直接材料費欄に個別転記し，間接材料費ならば，製造間接費元帳の当該勘定に個別転記する。出庫材料仕訳帳が特殊仕訳帳の形式であるから，月末に一般仕訳帳に合計仕訳を行い，総勘定元帳の該当勘定に転記することになる。

❻ 棚卸差額の会計処理

材料の帳簿残高と実際残高の差額から生じる棚卸減耗費のうち，製品の製造上やむを得ない正常な原因から発生する損失は，製品原価性をもつと考え，製造間接費に計上する。

（借）製造間接費　×××　（貸）材　　料　×××

この際，年間の発生額を見積り，これを月割計算することもできる。

（借）製造間接費　×××　（貸）棚卸減耗引当金　×××

例題3－1

次の資料にもとづいて，材料勘定の記入を行い，締め切りなさい。

［資　料］

1　A材料の受払記録

4月	1日	前月繰越	100kg	@80円
	2日	掛仕入れ	200kg	@85円
	3日	製造指図書 No. 2に対する出庫	200kg	
	15日	掛仕入れ	300kg	@88円
	20日	製造指図書 No. 3に対する出庫	150kg	
	22日	機械修理のための出庫	50kg	
	25日	掛仕入れ	100kg	@90円
	28日	製造指図書 No. 4に対する出庫	200kg	
	30日	帳簿在庫高	100kg	@（各自計算）
		実地棚卸高	90kg	

2　B材料の受払記録

4月	1日	前月繰越	40kg	@30円
	12日	機械保全のための出庫	20kg	
	15日	掛仕入れ	160kg	@35円
	25日	機械保全のための出庫	170kg	
	30日	帳簿在庫高＝実施棚卸高	10kg	

3　A材料の実際消費単価は先入先出法で把握しているが，材料消費高は予定消費価格@85円で計算する。

4　B材料には月次総平均法を採用して実際消費高で計算している。

5　A材料，B材料とも，材料評価損は発生していない。

6　材料仕入帳と出庫材料帳はいずれも特殊仕訳帳であり，月末に一括して総勘定元帳に転記している。

解答へのアプローチ

A材料の予定消費額は51,000円であり（＝600kg×@85円），先入先出法による実際消費額は51,400円になる。

B材料の実際消費額は平均購入単価が@34円（＝(40kg×@30円＋160kg×@35円)÷(40kg＋160kg)）であるから，6,460円（＝(20kg＋170kg)×@34円）である。

A材料の棚卸減耗損は，棚卸減耗引当金勘定を用いていないならば，製造間接費として処理することになる。

［解　答］

材　料

4/1	前月繰越	9,200	4/30	仕掛品	46,750
30	買掛金	58,000	〃	製造間接費	10,710
			〃	消費価格差異	400
			〃	棚卸減耗引当金	900
			〃	次月繰越	8,440
		67,200			67,200

2 労務費計算

❶ 労務費の分類

労務費はその支払形態によって**労務主費**(ろうむしゅひ)と**労務副費**(ろうむふくひ)に分類される。労務主費とは，労働の対価としての費用であり，賃金，給料，雑給，加給金，従業員賞与・手当がある。労務副費とは，労働力の調達・消費に付帯する費用であり，休業手当などのように労働力の対価としての性質をもたない手当，退職給付引当金繰入額(労務主費に分類されることもある)，社会保険料の会社負担分の法定福利費がある。なお，福利施設会社負担額，厚生費，従業員募集・訓練費などは，労務副費とも考えられるが，個人別に把握できないので，経費として扱われるのが通常である。

労務費は消費形態によれば，**直接労務費**と**間接労務費**に分類できる。個別原価計算では，直接工が直接作業に従事したことに対して計算される労務費が直接労務費であり，それ以外は間接労務費である。すなわち，間接工が間接作業に従事したことに対して計算される労務費はもちろん，直接工間接賃金，給料，雑給，従業員賞与・手当，退職給付引当金繰入額および労務副費は，間接労務費である。

❷ 給与計算と記帳手続き

図表３－３は，時間給制を想定した，賃金支払いに関する記帳例を図示したものである。

出勤票（出来高給制の場合には出来高報告書になる）にもとづき，工員別の支払賃率が記載されている賃金台帳を用いて，給与支給帳において工員別に次の計算を行う。

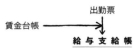

図表3－3 給与支給の記帳と手続図

出勤票

賃金台帳 → 給与支給帳

給与支給帳

従業員No	氏名	基本賃金			加給金	支払賃金計	諸手当計	支給総額	社会保険料			課税所得	所得税等				現金支給額
		時間	賃率	金額					健康保険	…	計		所得税	住民税	…	計	
						A	B				C					D	E

一般仕訳帳

日付	摘要	元丁	借方	貸方
	（賃金）	591	A	
	（従業員諸手当）	595	B	
	（社会保険料預り金）	232		C
	（所得税等預り金）	233		D
	（現金）	101		E
	給与支給帳			

支払賃金＝基本賃金（支払賃率×就業時間）＋加給金
給与支給総額＝支払賃金＋諸手当
現金支給額＝給与支給総額－社会保険料・所得税等控除額

❸ 消費賃金の計算

個別原価計算では，直接工が直接作業に従事した場合，直接労務費が発生する。直接労務費は，時間給制の場合を例にとれば，消費賃率に直接作業時間を乗じることによって計算できる。

直接工の実際消費賃率には，次の種類がある。

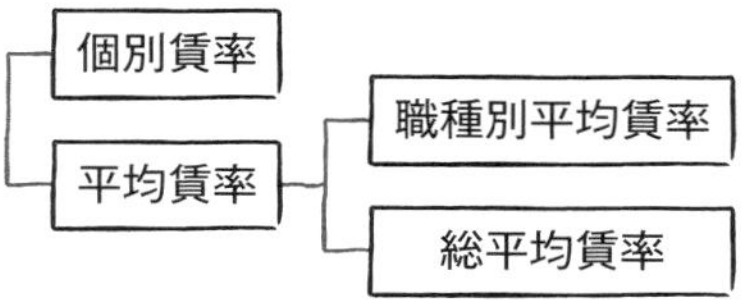

賃率計算に算入される労務費の範囲は，通説では直接工の基本賃金と加給金のみであるが，賞与や手当を含めた労務主費全体としてもよい（岡本清『原価計算（六訂版）』国元書房，2000年，138頁）。予定消費賃率でもって計算することもできるが，実際消費額との差額は，異常な状態にもとづくものでなければ，当年度の売上原価に賦課される。

一方，直接工の作業時間は，次の内訳から成り立っている。

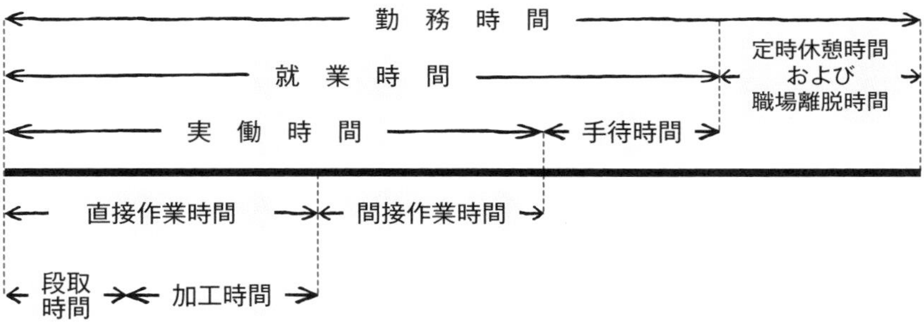

工員の勤務時間は，出退時刻を記録した出勤票から算定できる。定時休憩時間および私用外出のように工員が自らの責任で職場を離れた時間は，賃金支払の対象とならない。直接工の直接作業時間および間接作業時間は，作業時間報告書（作業時間票）によって把握される。

間接工についても直接工と同様に，その作業時間を測定することが原価管理上望ましい。しかし，手間と費用の点から，実務上は間接工賃金は当該原価計算期間の負担に属する**要支払額**をもって計算しており，「原価計算基準」でもこれを原則としている（原価計算基準第2章12(2)）。すなわち，給与計算期間の支払賃金を用いて原価計算期間の消費額を推定することになる。

要支払額＝当期実際支払額－前期未払賃金＋当期未払賃金見込額

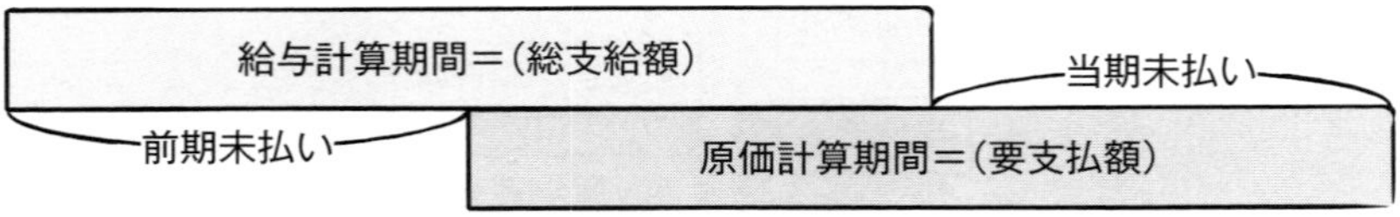

なお，給料，雑給なども，要支払額をもって計算する。

例題３－２

手待時間と段取時間の賃金について解説しなさい。

解答へのアプローチ

手待時間（idle time）は間接労務費であり，段取時間（set-up time）は直接労務費になる。

［解　答］……………………………………………………………………………………

工員の責任以外の原因によって作業できない状態にある遊休時間が手待時間であり，賃金支払の対象となる。臨時的，偶然的な原因によって生じた手待時間に対して支払われた賃金は非原価であるが，工具の手配不良のために作業ができないで待機している工具待ちなど，経営管理者の管理可能な原因によって生じた手待時間に対して支払う不働賃金は間接労務費になる。手待時間については，手待時間票または不働時間票を発行してその発生額をつかみ，なくすような対策を講じなければならない。

加工開始前および作業中の作業準備時間中に消費される賃金が段取賃金である。段取賃金は製造指図書ごとに跡づけることはできるが，オーダー（ないしロット）固定費の性質をもつため，加工賃金と区別して記録すべきである。すなわち，直接労務費予算において，生産量と比例関係がある加工賃金と，１回当たりの段取賃金×段取回数で計算される段取賃金に分けておくのである。間接労務費とする処理方法は，少ロットで段取りを必要とする製品品種と，多量のロットで段取りをあまり必要としない製品品種の違いをぼかしてしまうので望ましくない。なお，直接原価計算のもとでは，個別固定費として処理すればよい。

❹ 消費賃金の記帳手続

直接工の消費賃金の記帳手続を図示すれば，図表３－４のようになる。

作業時間報告書および不働時間票により工員別に集計した時間が，出勤票による就業時間と一致することを確認したうえで，会計部門では，作業時間報告書において消費賃率に直接作業時間を乗じて直接労務費を計算する。この金額によって，消費賃金仕訳帳の記入を行う。次いで，直接労務費ならば

図表３－４　直接工賃金と記帳の手続

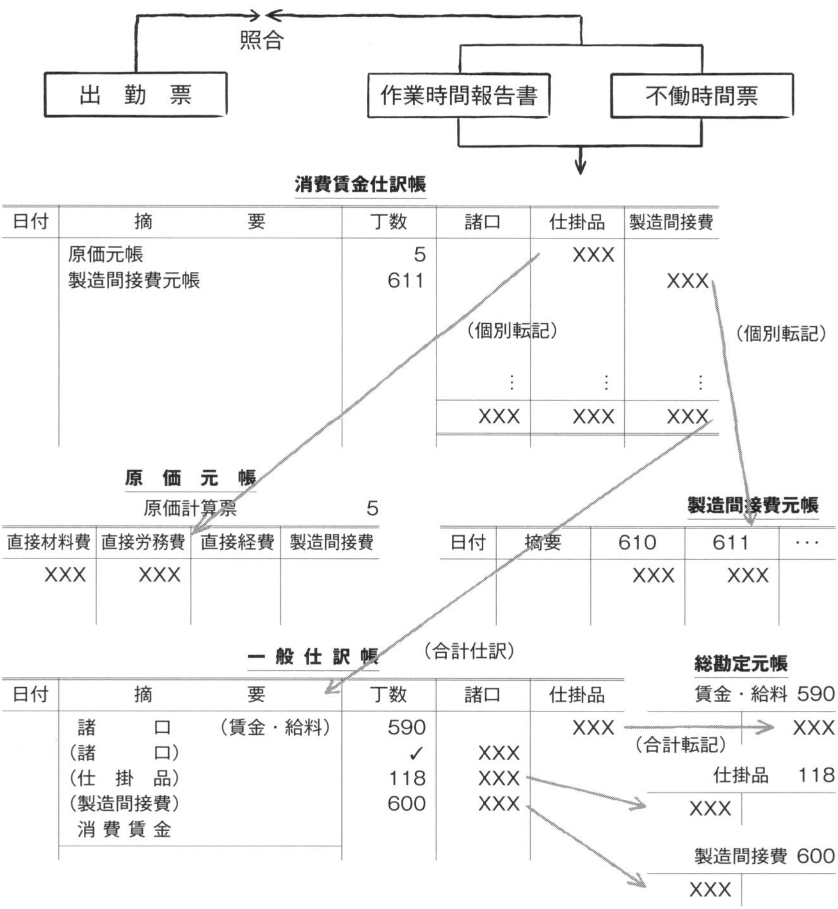

原価元帳における当該原価計算票の直接労務費欄に個別転記し，間接労務費ならば製造間接費元帳の当該勘定に個別転記する。消費賃金仕訳帳が特殊仕訳帳の形式であるならば，月末に一般仕訳帳に合計仕訳を行い，総勘定元帳の該当勘定に合計転記することになる。

間接工賃金，給料，雑給については，給与支給帳にもとづいて，要支払額を計算し，消費賃金仕訳帳に，次の仕訳を行うとともに，製造間接費元帳における当該勘定科目の借方に，その金額を個別転記する。労務副費も，実際発生額もしくは引当額を製造間接費に計上する。

（借）製造間接費	×××	（貸）賃金・給料	×××

例題３－３

実際個別原価計算を採用している白金工場における次の資料にもとづいて，賃金・給料勘定の記入を行い，締め切りなさい。

［資　料］……………………………………………………………………………

1　４月分の給与支給帳より（要約）

総支給額		10,000,000円
控除額		
所得税等	700,000	
社会保険料	600,000	1,300,000円
現金支給額		8,700,000円

2　直接工に対する総支給額は6,000,000円である。

3　給与計算期間は３月21日～４月20日であり，25日払いである。

4　原価計算期間は４月１日～４月30日である。

5　４月分の直接工の作業時間報告書および不働時間票より（要約）

直接作業時間	4,900時間
間接作業時間	900時間
手待時間	100時間

6　直接工に対して予定消費賃率1,000円を採用している。

7　間接工に対しては作業時間を把握していないので，要支払額をもって消費賃金を計算している。

8　3月末における未払賃金は600,000円であり，うち直接工に対するものは400,000円であった。

9　4月末における未払賃金は500,000円であり，うち直接工に対するものは350,000円であった。

賃金・給料

4/25	諸口		4/1	前期繰越	600,000
			30	仕掛品	
			〃	製造間接費	

😊解答へのアプローチ

1　4月25日の仕訳は次のとおりである。

（借）	賃金・給料	10,000,000	（貸）諸預り金	1,300,000
			現金	8,700,000

2　直接工賃金の計算

直接労務費＝@1,000円×4,900時間＝4,900,000円

間接労務費＝@1,000円×（900時間＋100時間）＝1,000,000円

予定消費額＝5,900,000円

実際消費賃金＝6,000,000円－400,000円＋350,000円＝5,950,000円

3　間接工賃金の計算

要支払額＝4,000,000円－200,000円＋150,000円＝3,950,000円

［解　答］

賃金・給料

4/25	諸口	10,000,000	4/1	前期繰越	600,000
30	次月繰越	500,000	30	仕掛品	4,900,000
			〃	製造間接費	4,950,000
			〃	賃率差異	50,000
		10,500,000			10,500,000

3 経費計算

❶ 経費の分類

経費とは，物品，労働力以外の原価財を消費することによって発生する原価をさし，**支払経費**と**測定経費**に大別できる。

(1) 支払経費

旅費交通費，通信費など，支払伝票または支払請求書上に記載された金額でその発生（消費）額を把握する経費である。一時に数カ月分あるいは数年分を前払いした保険料などは，支払額を支払伝票によって把握することはできるが，その月の費用を計算することになるので，**月割経費**とよび，区別することもある。

(2) 測定経費

メータ計測によって計算できる電力料，賃借料など，企業内部での測定（計算）によって発生額を把握する経費である。年間の発生額を見積もる減価償却費，固定資産税などは，原価計算期間の費用発生額を月割りによって把握するので，月割経費ともよび，区別することもある。

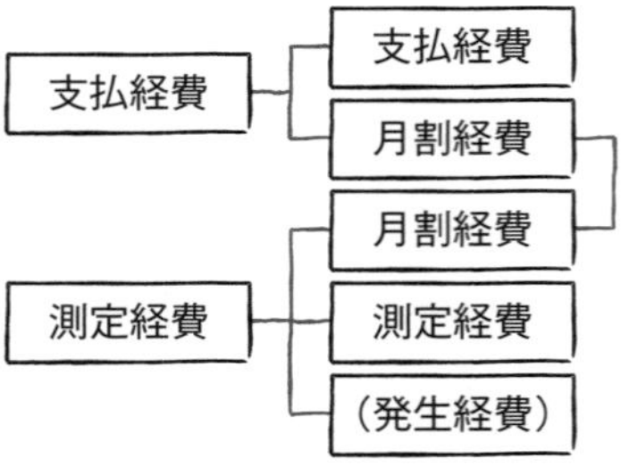

応用word

★発生経費

実際発生額をもって原価計算期間の負担額とする経費であり，棚卸減耗損や仕損費がその例である（棚卸減耗損の実際発生額は棚卸差額報告書，仕損費は仕損報告書によって把握される）。しかし，年間の発生額を見積もり，これを月割計算して，各月々の費用発生額を計上するほうが優れた方法である（岡本清『原価計算（六訂版）』国元書房，2000年，156頁）。

経費はまた消費形態により，**直接経費**と**間接経費**に分類される。個別原価計算における直接経費には，特定の製品のためのみに要する外注加工賃，特許権使用料（製品の出来高に比例して支払う場合），特殊機械の賃借料，試作費，仕損費などがある。

❷ 経費の記帳手続

経費の記帳手続は，外注加工品受入検査報告書，支払伝票，月割計算表，測定表，棚卸差額報告書，仕損報告書などの記録にもとづき，仕訳帳に仕訳し，原価元帳あるいは製造間接費元帳に個別転記することになる。補助元帳としての製造間接費元帳を設けている場合には，総勘定元帳に製造間接費勘定を統制勘定として用いることになり，月末に製造間接費元帳試算表を作成し，記入の正確性を検証することができる。

支払経費の場合，仕訳としては，借方は製造間接費勘定であり，貸方は現金預金や未払金などの勘定になる。

月割経費の場合，保険料などの前払いしてある費用については，

（借）製造間接費　　×××　（貸）前払費用　　×××

のように仕訳するが，減価償却費は見積額で次のように仕訳をする。

（借）製造間接費　　×××　（貸）減価償却累計額　　×××

修繕費，棚卸減耗費なども，月割計算票にもとづいて，実際発生額ではなく，見積額で処理することも可能である。

（借）製造間接費　　×××　（貸）○○○引当金　　×××

電力料，保管料のような，月割経費を除く測定経費は，貸方は未払費用勘定で処理される。

（借）製造間接費　　×××　（貸）未払費用　　×××

例題３－４

次の一連の仕訳を示しなさい。

1　メッキ加工のため，材料Ｔ500,000円を下請会社のＹ社に無償で支給し，加工を委託した。

2　Ｙ社より加工後納入されたので，その加工賃100,000円を小切手を振り出して支払った。なお，納入品は検査後ただちに製造現場に引き渡された。

解答へのアプローチ

無償支給の場合，材料は通常の出庫票で材料を出庫し，その出庫額を関連する原価計算票（原価元帳）の直接材料費欄に記入しておくとともに，外注加工品受払帳に交付記録をしておく。加工完了後納入され，発行される外注加工品受払報告書にもとづき，外注加工品受払帳の受入欄の受入記録を行うとともに，原価元帳における当該原価計算票の直接経費欄に個別転記する。なお，外注加工賃が未払いであるならば，本来の営業活動にもとづいて発生したものであるから，買掛金勘定に計上する。

[解　答]…………………………………………………………………………

1	（借）	仕　掛　品	500,000	（貸）	材　　料	500,000
2	（借）	外注加工賃	100,000	（貸）	当座預金	100,000
	（借）	仕　掛　品	100,000	（貸）	外注加工賃	100,000

練習問題 3－1

TR社の町田工場では，材料A，BおよびCを配合して製品Hを製造している。当工場では材料購入の際に予定価格を用いて受入価格差異を把握する実際総合原価計算を採用している。以下に示す当工場の10月の資料にもとづき，各勘定の（　）内に適切な金額を記入しなさい。ただし，材料受入差異の記入は，借方または貸方のいずれか一方のみに行うこと。また，材料受入価格差異一覧表を作成しなさい。

1　各材料の予定単価は次のとおりである。

A　 90円/kg

B　130円/kg

C　400円/kg

2　各材料の月初在庫量，当月購入量，当月消費量および月末在庫量は，次のとおりである。

（単位：kg）

材料	月初在庫量	当月購入量	当月消費量	月末在庫量
A	100	900	800	200
B	200	1,100	1,000	300
C	10	120	100	30

3　材料の購入原価は，購入代価に引取費用と取扱費用を加えて計算されている。それらの当月の実績は次のとおりであった。

(1)　送状価額　A　72,000円，B　137,500円，C　46,800円

(2)　引取運賃　2,332円

(3)　その他の引取費用　7,689円

(4)　取扱費用　4,800円

(5)　引取費用は各材料に実際配賦するが，引取運賃は購入量にもとづき，その他の引取費用は送状価額にもとづくものとする。取扱費用は，購入回数にもとづいて各材料に実際配賦するが，材料保管上の制約から，材料Aおよび材料Bは100kg単位で購入し，材料Cは10kg単位で購入している。

材　　料

前月繰越	(　　　)		(　　　)
	(　　　)	次月繰越	(　　　)
	(　　　)		(　　　)

材料受入価格差異

(　　　)	(　　　)

材料受入価格差異一覧表

材料	金　額	
A		円（　　　）差異
B		円（　　　）差異
C		円（　　　）差異

(注)（　）内には「借方」または「貸方」と記入する。

➡ 解答は193ページ

第4章 製造間接費計算

学習のポイント

本章では，製造間接費について学ぶ。

1．製造間接費は間接材料費，間接労務費および間接経費から成る。

2．個別原価計算における製造間接費は，原則として予定配賦率をもって各指図書に配賦する。

3．製造間接費の予定（正常）配賦は総合予算の一環として行われ，変動予算と固定予算とがある。変動予算においては，固定費の予算と変動費の予算を区別するので，操業度に応じた予算が設定されるが，固定予算においては区別しないので，予定（基準）操業度における一定の予算額のみが適用される。

4．実際原価計算においては，予定配賦額と実際発生額の差額（配賦差異）は予算差異と操業度差異に分割できる。

1 製造間接費の実際発生額

製造間接費は製品との関係を直接に認識できない製造原価であり，間接材料費，間接労務費および間接経費から成る。製造間接費の実際発生額は，出庫票などの記録にもとづき，製造間接費費目指定番号を手がかりに，補助元帳である製造間接費元帳の各費目別勘定口座に計上される。総勘定元帳の製造間接費統制勘定には，一般仕訳帳あるいは，出庫材料仕訳帳などの特殊仕訳帳などを通じて転記される。なお，製造間接費統制勘定と製造間接費元帳との記録を照合し，その記入内容の正確性を検証するために，製造間接費元帳試算表を作成する。

製造間接費元帳試算表		20X1年X月X日
No. 611	補助材料費	×××
612	工場消耗品費	×××
	⋮	⋮
689	雑費	×××
	費目別勘定合計	×××
No. 600	製造間接費統制勘定	×××

2 製造間接費の正常配賦

個別原価計算で製造間接費の実際発生額を指図書別に把握するためには，何らかの基準（間接費の発生と関連がある直接労務費基準，直接作業時間基準，機械作業時間基準などの基準）を用いて**配賦**という手続をとることになる。

製造間接費の配賦においては，工場全体の製造間接費を1つの配賦率，すなわち総括配賦率を用いて一括配賦する方法がある。しかし，より正確な製品原価計算を行うためには，製造間接費をいくつかのグループに分け（これを**コスト・プール**とよぶ），それぞれ別個の配賦率を用いて配賦することが必要である。

製造間接費の実際配賦には，①計算の遅延，②製品の実際単位原価の操業度の変動による著しい変化という欠点があるため，真実の製品原価の計算においては，予定配賦率を用いた正常配賦額でもって正常生産量の製品へ均等に配賦されるべきである（**製造間接費正常配賦の理論**）。この正常生産量が基準操業度である。基準操業度には，理論的生産能力，実際的生産能力，平均操業度，期待実際操業度といった操業水準のうちから，正常と判断されるものを選択しなくてはならない。製造間接費の予定配賦は，総合予算の一環として行われ変動予算と固定予算とがある。

❶ 変動予算

正常操業圏内において，操業水準の変化に応じて発生すべき製造間接費の許容額を自動的に算出できる計算資料のことを，**変動予算**という。すなわち，変動予算においては，操業水準により予算額が変化する。変動予算には，公式法と実査法（多桁式）とがある。

公式法変動予算とは，各費目のコスト・ビヘイビア・パターンを，変動費，固定費，準変動費とすることにより，種々の操業水準に対応する製造間接費予算許容額が，一次式 $y=ax+b$（y は求める許容額，x は操業水準を示す変数，a は変動費率，b は定数）によって算出できるとするものである。

製造間接費予算は変動費と固定費に分割できている。予定（正常）配賦率は，変動費率と固定費率に分解できる。

$$\text{予定(正常)配賦率}=\frac{\text{製造間接費予算}}{\text{基準操業度}}$$

$$=\frac{\text{変動費予算}}{\text{基準操業度}}+\frac{\text{固定費予算}}{\text{基準操業度}}$$

$$=\text{変動費率}+\text{固定費率}$$

$$\text{予定(正常)配賦額}=\text{予定配賦率}\times\text{実際操業度}$$

実査法変動予算は，基準操業度を中心として，予想される範囲内の種々の操業度を一定間隔に設け，各操業度に応じて複数の製造間接費予算をあらかじめ算定列挙する方法である。製造間接費予算許容額を，公式法での一次式 $y=ax+b$ によって表せないので，折れ線のように扱うことになる。

図表4－1　実査法（多桁式）変動予算の例

（単位：千円）

直接作業時間	700hr	800hr	900hr	1,000hr	1,100hr	1,200hr
補助材料費	2,000	2,200	2,400	2,500	2,580	2,800
工場消耗品費	500	550	700	800	920	1,000
間接工賃金	2,000	2,200	2,500	2,900	3,400	4,000
監督者給料	400	400	400	400	600	600
残業手当					200	200
減価償却費	1,800	1,800	1,800	1,800	1,800	1,800
賃借料	300	300	300	300	300	300
保険料	200	200	200	200	200	200
電力料	1,200	1,400	1,600	1,800	2,100	2,400
租税公課	250	250	250	250	250	250
雑費	450	700	830	1,050	1,180	1,490
合計	9,100	10,000	10,980	12,000	13,530	15,040

正常直接作業時間を1,000時間とすれば，正常配賦率は12,000円/時（＝12,000,000円÷1,000時間）になる。

❷ 固定予算

実際操業水準にかかわらず，次期に予定される操業水準のもとで予想される製造間接費発生目標額を**固定予算**という。すなわち，固定予算では，予算額は一定額であり，変動費，固定費の区別はない。

$$予定（正常）配賦率＝\frac{製造間接費予算}{基準操業度}$$

予定（正常）配賦額＝予定配賦率×実際操業度

3 配賦差額の分析

製造間接費の実際発生額と正常配賦額には差額が発生する。この配賦差額は予算差異と操業度差異に分割できる。予算差異は，実際発生額と予算額の差額であり，操業度差異は，基準操業度と実際操業度の差によって生じる差額である。

変動予算の場合を図示すれば，図表４－２のようになる。

予定（正常）配賦額＝予定配賦率×実際操業度　…BD
製造間接費総差異＝実際発生額－予定配賦額　…AE－BD
予算差異＝実際発生額－（変動費予算許容額＋固定費予算許容額）
　　　＝実際発生額－（変動費率×実際操業度＋固定費予算）…AB
操業度差異＝固定費率×（基準操業度－実際操業度）　…DE

図表４－２　公式法変動予算

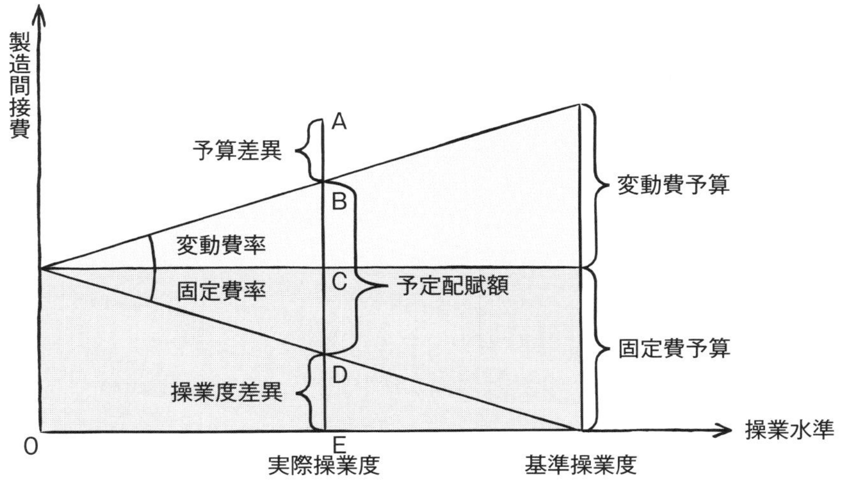

固定予算の場合を図示すれば，図表４－３のようになる。

予定（正常）配賦額＝予定配賦率×実際操業度　…CD
製造間接費総差異＝実際発生額－予定配賦額　…AD－CD
予算差異＝実際発生額－予算額　…AB
操業度差異＝予定配賦率×（基準操業度－実際操業度）　…BC

図表4－3 固定予算

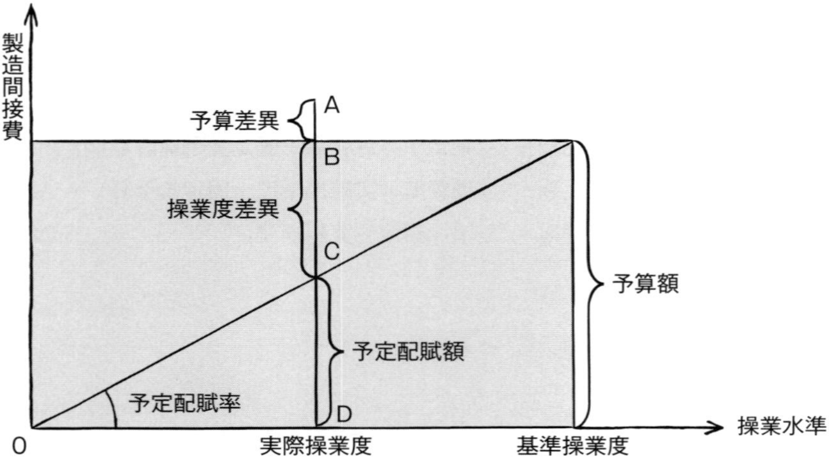

予算差異や操業度差異については，「原価計算基準」によれば，原則として当年度の売上原価に賦課することになるが，比較的多額の差異が生ずる場合には，製造間接費以外の原価差異と同様に，売上原価と期末棚卸資産に配賦するよう規定している（原価計算基準第5章47(1)）。しかし，基準操業度に何を選択するのかによっては，配賦差異の意味が異なる。例えば，操業度差異を取り上げてみても，平均操業度基準を採用する場合の操業度差異は，月々の差異を繰り延べるのみならず，年度末に残る差異も翌年度に繰り延べるのが理論的に正しく（番場嘉一郎『棚卸資産会計』国元書房，1963年，617頁），実際的生産能力基準の場合には，操業度差異は不働能力差異を示すので，営業外費用に計上すべきということになる（岡本清『原価計算（六訂版）』国元書房，2000年，193頁）。

例題4－1

HIT製作所では，機械作業時間を基準として製造間接費を予定配賦している。次の資料にもとづいて，(1)変動予算を用いている場合の当月の予定配賦額，予算差異および操業度差異を計算し，(2)固定予算を用いている場合の当月の予定配賦額，予算差異および操業度差異を計算しなさい。

[資　料]……………………………………………………………………………

1　製造間接費予算（年間）（単位：円）

費　目	固定費	変動費	合　計
補助材料費	9,000,000	2,400,000	11,400,000
消耗品費	3,000,000	600,000	3,600,000
間接工賃金	48,000,000	1,800,000	49,800,000
修繕費	6,000,000	3,600,000	9,600,000
動力料	9,000,000	5,400,000	14,400,000
減価償却費	30,000,000	0	30,000,000
保険料	12,000,000	0	12,000,000
雑費	3,000,000	1,200,000	4,200,000
合　計	120,000,000	15,000,000	135,000,000

2　基準操業度（年間）　30,000時間

3　当月の実際機械作業時間　2,480時間

4　当月の製造間接費実際発生額　11,200,000円(うち,固定費10,000,000円)

解答へのアプローチ

まず，資料1と2の年間データから，予定配賦率，固定費率，変動費率および月間基準操業度を計算する。なお，差異分析のために，月間の固定費予算と固定予算も計算しておくとよい。

$$予定配賦率 = \frac{135{,}000{,}000円}{30{,}000時間} = 4{,}500円/時間$$

$$固定費率 = \frac{120{,}000{,}000円}{30{,}000時間} = 4{,}000円/時間$$

$$変動費率 = \frac{15{,}000{,}000円}{30{,}000時間} = 500円/時間$$

$$基準操業度（月間）=\frac{30,000時間}{12ヵ月}=2,500時間$$

$$固定費予算（月間）=\frac{120,000,000円}{12ヵ月}=10,000,000円$$

$$固定予算（月間）=\frac{135,000,000円}{12ヵ月}=11,250,000円$$

したがって，製造間接費の配賦差異は次のように計算できる。

予定配賦額＝4,500円/時間×2,480時間＝11,160,000円

配 賦 差 異＝11,200,000円－11,160,000円＝40,000円

差異分析は，公式に当てはめるか，図示すれば計算できる。

変動予算

予 算 差 異＝11,200,000円－（500円/時間×2,480時間＋10,000,000円）

＝－40,000円

操業度差異＝4,000円/時間×（2,500時間－2,480時間）

＝80,000円

固定予算

予 算 差 異＝11,200,000円－11,250,000円

＝－50,000円

操業度差異＝4,500円/時間×（2,500時間－2,480時間）

＝90,000円

［解　答］……………………………………………………………………………

(1)　変動予算

予定配賦額＝11,160,000円

予 算 差 異＝40,000円（貸方差異）

操業度差異＝80,000円（借方差異）

(2)　固定予算

予定配賦額＝11,160,000円

予 算 差 異＝50,000円（貸方差異）

操業度差異＝90,000円（借方差異）

4 配賦差額の処理

製造間接費の配賦差額は，正常な差異であるならば，原則として当年度の売上原価に配賦する（**売上原価加減法**）。ただし，比較的多額の配賦差異が発生した場合には，当年度の売上原価と期末棚卸資産に追加配賦する（**補充率法**）。なお，平均操業度基準の正常配賦法を採用する場合の操業度差異については，翌年度以降に繰り延べること（**繰延法**）が理論的には正しい方法であると言われる（岡本清『原価計算（六訂版）』国元書房，2000年，189－190頁）。また，異常な状態で発生した場合には，差異に原価性がないので非原価項目になる（**営業外損益法**）。

練習問題 4－1

MG社の白金工場では，実際全部原価計算のもとで製造間接費を公式法による変動予算を用いて正常配賦している（配賦基準は直接作業時間）。次に示す資料にもとづいて，(1)製造間接費勘定と仕掛品勘定を完成し，(2)製造間接費配賦差異を予算差異と操業度差異に分けて計算しなさい。

［資　料］

1	主要材料月初有高	400千円
2	主要材料月末有高	450千円
3	仕掛品月初有高	200千円
4	仕掛品月末有高	100千円
5	賃金給料前月未払高	2,300千円
6	賃金給料当月未払高	2,350千円
7	賃金給料当月支払高	8,000千円
8	賃率差異（借方差異）	180千円
9	予定賃率による直接工賃金	2,000千円
10	補助材料費当月消費高	700千円
11	主要材料当月仕入高	7,500千円
12	材料消費価格差異（貸方差異）	100千円
13	工場電力当月消費高	1,800千円

14　工場減価償却費（月割分）　1,500千円

15　年間予定直接作業時間　12,000時間

16　年間製造間接費予算額　120,000千円

（うち固定費　84,000千円）

17　当月実際直接作業時間　990時間

(1)

製造間接費　（単位：千円）

間接材料費	(　　　)	正常配賦額	(　　　)
間接労務費	(　　　)		
間接経費	(　　　)		
配賦差異	(　　　)		
	(　　　)		(　　　)

仕掛品　（単位：千円）

前月繰越	(　　　)	完成品原価	(　　　)
直接材料費	(　　　)	次月繰越	(　　　)
直接労務費	(　　　)		
製造間接費	(　　　)		
	(　　　)		(　　　)

(2)　予算差異＝［　　　　］円　（　　　）差異

操業度差異＝［　　　　］円　（　　　）差異

（注）（　）内には「借方」または「貸方」と記入する。

⇒ 解答は194ページ

第5章 部門別計算

学習のポイント

本章では，製造間接費の部門別計算について学ぶ。

1．原価の部門別計算とは，費目別計算において把握された原価要素を，原価部門別に分類集計する手続をいい，原価計算における第２次の計算段階であり，通常は，製造間接費だけが計算の対象となる。部門別計算を省略した製品原価計算を単純個別原価計算とよぶ。

2．部門費（製造間接費）を部門個別費と部門共通費に分類し，製造部門と補助部門に集計するのが第１次集計であり，補助部門費を製造部門に配賦して製造部門費を計算するのが第２次集計である。製造部門費を製品に配賦するのが第３次集計であるが，これは，製造間接費の配賦と同様の手続になる。したがって，予定（正常）配賦をした場合には，配賦差異が生じ，実際原価計算のもとでは，これは予算差異と操業度差異に分解できる。

3．補助部門が複数存在する場合の補助部門費の配賦では，直接配賦法，階梯式配賦法，相互配賦法などの方法に従う。

4．各部門に集計された原価要素を固定費と変動費とに区分する方法を複数基準配賦法とよぶ。

1 部門別原価計算の意義と目的

製造間接費を部門別に計算する主目的は，正確な製品原価の計算をするためである（原価管理目的ならば，製造直接費も部門別に集計することになる）。製造間接費の配賦において，総括配賦率を用いるより，作業内容が異なり製造間接費の内容も異なる部門別の配賦率を利用するほうが合理的である（部門内の機械種類ごとの機械時間率を用いることもある）。この目的のために原価要素を分類集計する計算組織上の区分を**原価部門**という。

原価部門には，製造部門と補助部門があり，補助部門はさらに，生産活動を直接に補助することを任務とする補助経営部門と，工場全体の管理事務を担当する工場管理部門がある。

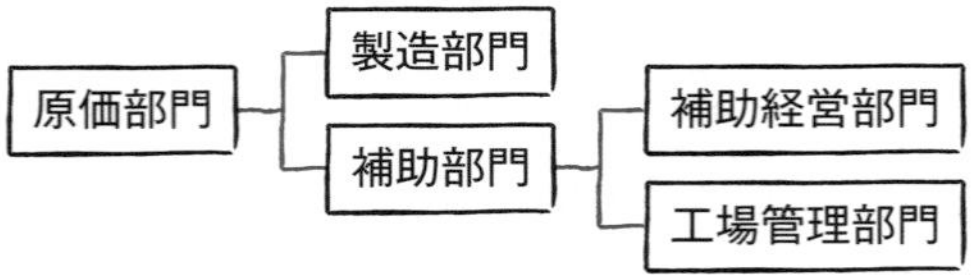

2 部門費の集計

製造間接費の費目のうち，どの部門で発生したかを直接に認識できる部門個別費は，その発生額を当該部門に直課し，２つ以上の部門に共通して発生する部門共通費は，その発生額を関係部門に対し適切な配賦基準（例えば，建物減価償却費ならば占有面積，機械保険料ならば機械帳簿価額など）によって配賦する。この手続を部門費の**第１次集計**という。

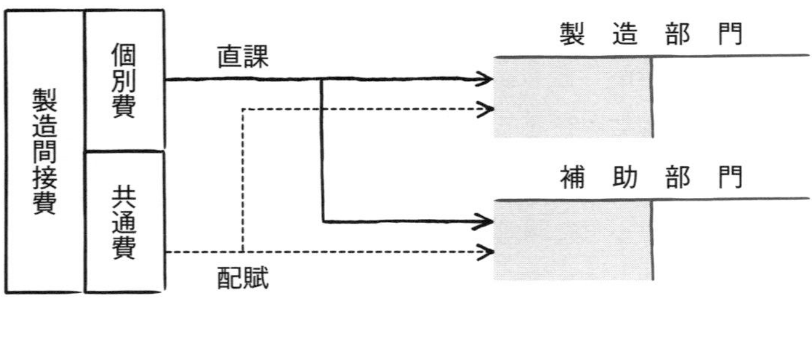

3 補助部門費の製造部門への配賦

第１次集計によって集計された補助部門費を，その補助部門が用役を提供した関係部門に配賦する手続を，部門費の**第２次集計**という。

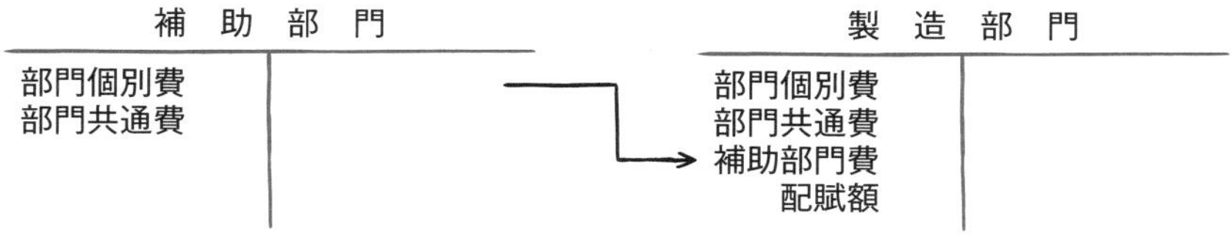

補助部門が用役を提供する関係部門には他の補助部門もあるが，補助部門費は最終的には製造部門に集計される。この補助部門間での用役の授受を処理する方法としては，①直接配賦法，②相互配賦法，③階梯式配賦法がある。

直接配賦法とは，補助部門相互の用役授受を計算上無視し，製造部門に対してのみ用役を提供したように計算する方法である。

相互配賦法とは，補助部門相互の用役授受の事実を計算上も認める方法である。相互配賦法には，次の諸方法がある。

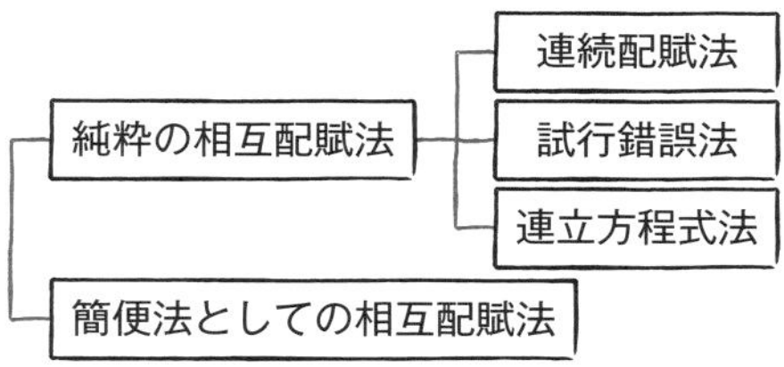

連続配賦法では，他の補助部門からの配賦があればその額を加えて，最終的に補助部門費がゼロになるまで，配賦計算を連続的に繰り返す。**試行錯誤法**では，他の補助部門からの配賦額をすべて加えた最終の補助部門費を試行錯誤の方法によって計算し，相互配賦の原理に従ってそれぞれの製造部門に配賦する。**連立方程式法**は，試行錯誤によって計算される最終補助部門費を連立方程式によって解くことによって求める方法である。これら３方法は，四捨五入などの計算上の誤差を除けば，結果は一致する。

これに対し，簡便法としての相互配賦法とは，製造工業原価計算要綱に規定するもので，第１次配賦においては，相互配賦法によって計算するが，第２次配賦は直接配賦法によるものである。

階梯式配賦法（かいていしき）は，補助部門間の用役授受について，一部分を無視し，一部分を計算上認める方法である。ここでは，配賦表において補助部門名を記入する順位が重要であり，配賦表の補助部門欄には右から左に記入する。この結果，補助部門欄の数値記入欄が階梯状になるのである。

応用word

★相互配賦法と階梯式配賦法

相互配賦法とは，補助部門相互の用役授受の事実を計算上も認める方法である。連続配賦法，試行錯誤法，連立方程式法は純粋の相互配賦法である。２級においては，第１次配賦においてのみ相互配賦法によって計算し，第２次配賦は直接配賦法による方法を学習したが，これは，製造工業原価計算要綱に規定していた方法であり，簡便法としての相互配賦法である。なお，階梯式配賦法は，補助部門間の用役授受について，一部分を無視し，一部分を計算上認める方法であり，補助部門相互の用役授受を一部のみ計算する形式となるため，直接配賦法と相互配賦法の中間的位置づけになる。この場合，補助部門配賦表において，最右端の補助部門は相互配賦法的計算をするが，最左端の補助部門は直接配賦法の計算となる。

例題５－１

白金工場は，２製造部門（切削(せっさく)部門および組立部門）と３補助部門（事務部門，修繕部門および動力部門）により成り立っている。次の資料により，相互配賦法の連立方程式法によって補助部門費配賦表を作成しなさい。

［資　料］……………………………………………………………………………

1　補助部門費の配賦基準

配賦基準	合計	切削部門	組立部門	事務部門	修繕部門	動力部門
従業員数	124人	56人	40人	4人	8人	16人
修繕時間数	190時間	70時間	60時間	10時間	20時間	30時間
動力供給量	110kWh	50kWh	40kWh	－	10kWh	10kWh

2　各部門への製造間接費第１次集計額（単位：千円）

切削部	組立部	事務部	修繕部	動力部
8,710	7,440	2,400	800	2,650

解答へのアプローチ

用役の授受に従って各補助部門を相互に配賦し合った最終の補助部門費を連立方程式で算出することになる。

x：最終的に計算された事務部費

y：最終的に計算された修繕部費

z：最終的に計算された動力部費

とすれば，次の連立方程式が得られる。

$$x = 2{,}400 + \frac{10}{170}y$$

$$y = 800 + \frac{8}{120}x + \frac{10}{100}z$$

$$Z = 2{,}650 + \frac{16}{120}x + \frac{30}{170}y$$

これを解いて，

x＝2,476千円

y＝1,286千円

z＝3,207千円

を得るので（千円未満四捨五入），最終的な他部門への配賦は，次のとおりである。

1　事務部門費の配賦

$2{,}476千円 \times \frac{56人}{120人} \fallingdotseq 1{,}156千円$…切削部門へ(注)

$2{,}476千円 \times \frac{40人}{120人} \fallingdotseq 825千円$…組立部門へ

$2{,}476千円 \times \frac{16人}{120人} \fallingdotseq 330千円$…動力部門へ

$2{,}476千円 \times \frac{8人}{120人} \fallingdotseq 165千円$…修繕部門へ

2　修繕部門費の配賦

$1{,}286千円 \times \frac{70時間}{170時間} \fallingdotseq 529千円$…切削部門へ(注)

$1{,}286千円 \times \frac{60時間}{170時間} \fallingdotseq 454千円$…組立部門へ

$1{,}286千円 \times \frac{10時間}{170時間} \fallingdotseq 76千円$…事務部門へ

$1{,}286千円 \times \frac{30時間}{170時間} \fallingdotseq 227千円$…動力部門へ

3　動力部費の配賦

$$3{,}207\text{千円}\times\frac{50\text{kWh}}{100\text{kWh}}\doteqdot 1{,}603\text{千円}$$…切削部門へ(注)

$$3{,}207\text{千円}\times\frac{40\text{kWh}}{100\text{kWh}}\doteqdot 1{,}283\text{千円}$$…組立部門へ

$$3{,}207\text{千円}\times\frac{10\text{kWh}}{100\text{kWh}}\doteqdot 321\text{千円}$$…修繕部門へ

(注)　四捨五入による誤差で，合計額が一致しなかったため，切り上げあるいは切り捨ててある。

[解　答]……………………………………………………………………

補助部門費配賦表　（単位：千円）

費目	配賦基準	金額	製造部門		補助部門		
			切削部門	組立部門	動力部門	修繕部門	事務部門
合計		22,000	8,710	7,440	2,650	800	2,400
事務部門費	従業員数		1,156	825	(　330)	(　165)	
修繕部門費	修繕時間数		529	454	(　227)		(　76)
動力部門費	動力供給量		1,603	1,283		(　321)	
小計			3,288	2,562			
合計		22,000	11,998	10,002			

応用word

★複数基準配賦法

補助部門費を関係部門に配賦する際に，補助部門費を固定費と変動費に分けて配賦するのが複数基準配賦法である。2級で固定費と変動費を分けていない配賦法を学習したが，これは複数基準配賦法に対し，単一基準配賦法とよばれる。補助部門費の実際配賦をする際には，固定費は関係部門がその補助部門の用役を消費する能力の割合にもとづいて関係部門へ配賦し，変動費は関連部門がその補助部門の用役を実際に消費した割合にもとづいて関係部門へ配賦するのが理論的に正しいと言われる（岡本清『原価計算（六訂版）』国元書房，2000年，217頁）。

例題５－２

２製造部門（切削部門と組立部門）と３補助部門（事務部門，修繕部門，動力部門）から成っている白金工場では，実際全部原価計算を採用し，補助部門費の配賦においては，複数基準配賦法による階梯式配賦法を使用している。次の資料にもとづいて，下記の問いに答えなさい。

［資　料］

1　20X1年度の月次予算データ

(1)　補助部門費の予定用役提供割合

提供先／提供部門	合計	切削部門	組立部門	事務部門	修繕部門	動力部門
事務部門：従業員数	124人	56人	40人	4人	8人	16人
修繕部門：修繕時間数	190時間	70時間	60時間	10時間	20時間	30時間
動力部門：動力供給量	110kWh	50kWh	40kWh	－	10kWh	10kWh

（注）　動力計画供給量は動力消費能力に等しい。

(2)　各部門への製造間接費第１次集計予算（単位：千円）

	合計	切削部門	組立部門	事務部門	修繕部門	動力部門
固定費	13,000	4,450	4,040	2,400	480	1,630
変動費	9,000	4,260	3,400	－	320	1,020

2　20X1年６月の実績データ

(1)　補助部門費の実際用役提供割合

提供先／提供部門	合計	切削部門	組立部門	事務部門	修繕部門	動力部門
修繕部門：修繕時間数	200時間	75時間	65時間	10時間	10時間	40時間
動力部門：動力供給量	150kWh	70kWh	50kWh	－	10kWh	20kWh

（注）　従業員数に変化はなかった。

(2)　各部門への製造間接費実際第１次集計額（単位：千円）

	合計	切削部門	組立部門	事務部門	修繕部門	動力部門
固定費	13,000	4,450	4,040	2,400	500	1,610
変動費	10,000	4,430	3,770	－	400	1,400

問１　資料１にもとづき，月次予算部門別配賦表を作成しなさい。

問２　補助部門の原価管理活動の良否が影響しないように補助部門費の配賦を行い，動力部で発生した差異を固定費と変動費別に分析しなさい。

解答へのアプローチ

階梯式配賦法における補助部門の配賦順序は，他の補助部門への用役提供先が多い部門が先順位になり，これが同数の場合には，第１次集計費の多い部門を先順位とするか，用役提供額の多い補助部門を先順位とする。本例題の場合，事務部門と修繕部門が４部門で同数であるが（自部門の消費は除く），金額の多い事務部門が第１位で配賦表の右端に位置することになる。事務部門費は切削部門，組立部門，動力部門，修繕部門に配賦するが，第３位の動力部門の費用（事務部門費と修繕部門費の配賦額も加算した金額）は，切削部門と組立部門だけに配賦することになる。

すなわち，階梯式配賦法では，自分より右に置かれた補助部門に対して，もし用役を提供していても計算上はこれを無視することになる。

1　事務部門費（固定費）の配賦

$$2{,}400\text{千円} \times \frac{56\text{人}}{120\text{人}} = 1{,}120\text{千円}$$ …切削部門へ

$$2{,}400\text{千円} \times \frac{40\text{人}}{120\text{人}} = 800\text{千円}$$ …組立部門へ

$$2{,}400\text{千円} \times \frac{16\text{人}}{120\text{人}} = 320\text{千円}$$ …動力部門へ

$$2{,}400\text{千円} \times \frac{8\text{人}}{120\text{人}} = 160\text{千円}$$ …修繕部門へ

2　修繕部門費（固定費）の配賦

$$640\text{千円} \times \frac{70\text{時間}}{160\text{時間}} = 280\text{千円}$$ …切削部門へ

$$640\text{千円} \times \frac{60\text{時間}}{160\text{時間}} = 240\text{千円}$$ …組立部門へ

$$640\text{千円} \times \frac{30\text{時間}}{160\text{時間}} = 120\text{千円}$$ …動力部門へ

3　修繕部門費（変動費）の配賦

$$320\text{千円} \times \frac{70\text{時間}}{160\text{時間}} = 140\text{千円}$$ …切削部門へ

$$320\text{千円} \times \frac{60\text{時間}}{160\text{時間}} = 120\text{千円}$$ …組立部門へ

$$320千円 \times \frac{30時間}{160時間} = 60千円 \cdots 動力部門へ$$

4　動力部門費（固定費）の配賦

$$2{,}070千円 \times \frac{50\mathrm{kWh}}{90\mathrm{kWh}} = 1{,}150千円 \cdots 切削部門へ$$

$$2{,}070千円 \times \frac{40\mathrm{kWh}}{90\mathrm{kWh}} = 920千円 \cdots 組立部門へ$$

5　動力部門費（変動費）の配賦

$$1{,}080千円 \times \frac{50\mathrm{kWh}}{90\mathrm{kWh}} = 600千円 \cdots 切削部門へ$$

$$1{,}080千円 \times \frac{40\mathrm{kWh}}{90\mathrm{kWh}} = 480千円 \cdots 組立部門へ$$

6　複数基準配賦法において，補助部門固定費の実際配賦に際し，固定費予算（事務部費：2,400千円，修繕部費：480千円，動力部費：1,630千円）を計画消費割合で配賦することにより，他の関係消費部門の実際消費による影響を受けない。結果として，補助部門では，固定費から操業度差異は発生しない。

動力部門固定費予算差異：(1,610千円＋320千円＋120千円)－2,070千円
＝－20千円（貸方差異）

7　変動費については正常（予定）変動費率を用いれば，補助部門の用役を消費する部門に補助部門の原価管理活動の良否が影響しなくなる。

$$修繕部門変動費率：\frac{320千円}{(70時間+60時間+30時間)} = 2千円/時間$$

$$動力部門変動費率：\frac{1{,}080千円}{(50\mathrm{kWh}+40\mathrm{kWh})} = 12千円/\mathrm{kWh}$$

動力部門変動費予算差異：(1,400千円＋２千円/時間×40時間)－12千円/kWh×(70kWh＋50kWh)＝40千円（借方差異）

〔解　答〕

問 1

月次予算部門配賦表　（単位：千円）

費用	切削部門		組立部門		動力部門		修繕部門		事務部門
	固定費	変動費	固定費	変動費	固定費	変動費	固定費	変動費	固定費
部門費合計	4,450	4,260	4,040	3,400	1,630	1,020	480	320	2,400
事務部門費	1,120	0	800	−	320	−	160	−	2,400
修繕部門費	280	140	240	120	120	60	640	320	
動力部門費	1,150	600	920	480	2,070	1,080			
製造部門費	7,000	5,000	6,000	4,000					

問 2

固定費予算差異：20,000円（貸方差異）

変動費予算差異：40,000円（借方差異）

4 部門別製造間接費の正常配賦

製造間接費正常配賦の理論からして，部門別製造間接費も正常（予定）配賦することが望ましい。部門別製造間接費予算の編成段階でも，実績値が複数基準配賦法で計算されるのであれば，固定費と変動費に分けて，**複数基準配賦法**を用いるべきである。

製造部門別の製造間接費予算額を基準操業度で除することによって製造部門別の予定配賦率（複数配賦基準法を用いていれば，構成要素たる固定費率と変動費率）が計算できる。そこで，第４章**2**の製造間接費の予定配賦と同様にして，部門別に，予定（正常）配賦額と実際発生額の比較による差額分析ができる。

練習問題 5－1

問1　TR社の町田工場は２製造部門（第１製造部門および第２製造部門）と２補助部門（動力部門と事務部門）から成っている。以下の資料と条件にもとづき，諸勘定の記入を行い，締め切りなさい。ただし，原価計算としては，全部実際原価計算を用いており，原価差異は，予算差異と操業度差異を区別して表示すること。

［資　料］

1　公式法変動予算

(1)　部門別予算一覧（月額，単位：千円）

第１製造部門		第２製造部門		動力部		事務部
固定費	変動費	固定費	変動費	固定費	変動費	固定費
24,648	20,400	8,152	15,600	5,000	6,000	4,200

(2)　事務部門費は各部門の従業員数を基準に関係部門に配賦する。

第１製造部門	第２製造部門	動力部門	事務部門
100人	80人	20人	10人

(3)　動力部費は製造部門の動力正常消費量の割合で配賦する。

第１製造部門	第２製造部門
6,000kWh	4,000kWh

(4)　第１製造部門では月間正常機械作業時間の1,200時間で正常配賦率を計算する。

(5)　第２製造部門では月間正常直接作業時間の2,000時間で正常配賦率を計算する。

2　当月実際製造間接費データ

(1)　部門別実際発生高（単位：千円）

第１製造部門		第２製造部門		動力部		事務部
固定費	変動費	固定費	変動費	固定費	変動費	固定費
25,148	17,520	8,252	16,200	4,900	6,150	4,000

(2)　各部門が実際に消費した当月実際動力消費量は次のとおりである。

第１製造部門	第２製造部門
5,800kWh	4,000kWh

⑶　第1製造部門の当月実際機械作業時間は1,000時間であった。

⑷　第2製造部門の当月実際直接作業時間は2,100時間であった。

3　その他の計算条件

⑴　補助部門費の配賦においては，固定費は実際額でなく予算額を，その補助部門用役を消費する関係部門の用役消費能力の割合，または正常消費量の割合で配賦する。変動費については，正常配賦率に関係部門の用役実際消費量を乗じて配賦する。

⑵　製造部門における製造間接費の配賦は正常配賦による。

製造間接費—第1製造部門

(自)	F	(　　　)	仕　掛　品	(　　　)
	V	(　　　)		
(事)	F	(　　　)		
(動)	F	(　　　)		
	V	(　　　)		

製造間接費—第2製造部門

(自)	F	(　　　)	仕　掛　品	(　　　)
	V	(　　　)		
(事)	F	(　　　)		
(動)	F	(　　　)		
	V	(　　　)		

製造間接費—動力部門

(自)	F	(　　　)	F	(　　　)
	V	(　　　)	V	
(事)	F	(　　　)		

製造間接費—事務部門

(自)	F	(　　　)	F	(　　　)

（注１）（自）は自部門費，（事），（動）は各補助部門からの配賦額を意味し，Ｆは固定費，Ｖは変動費を意味する。
（注２）原価差異は解答用紙に表示されていないが，適宜追加すること。

問２ 補助部門が提供する用役（サービス）を自家消費しているとき，自家消費を無視する場合と自家消費を考慮する場合で，最終的な製造部門費の金額はどのようになるか。相互配賦法の連立方程式法を用いて補助部門費の配賦を行っていると仮定して答えなさい。

➡ 解答は195ページ

第6章 個別原価計算

学習のポイント

1．原価の製品別計算とは，原価要素を一定の製品単位に集計し，単位製品の製造原価を算定する手続をいい，原価計算における第３次の計算段階である。製品別計算には，個別原価計算と総合原価計算の２つの基本的な形態がある。本章では，受注生産形態に適用される個別原価計算について学習する。

2．個別原価計算は一般に，顧客の注文に応じて製品を生産する「受注生産」経営に適用される原価計算の方法であり，個々の製造指図書別に原価を集計する。したがって，特定製造指図書で指示された数量が原価集計単位となる。

3．個別原価計算は，部門別計算を行うか否かによって，単純個別原価計算と部門別個別原価計算に分類できる。

4．個別原価計算を学習する際の要点は，①直接費の指図書別直課（賦課），②間接費の指図書別配賦，③指図書別原価の計算手続，を正しく把握することである。間接費の配賦は，実際配賦ではなく予定配賦が原則とされている。さらに，予定配賦にともなって発生する配賦差額の処理が必要になる。

5．何らかの原因で製造に失敗し，品質や規格の標準に合致しない不合格品ないし不完全品のことを仕損品とよぶ。仕損については，正常な状態を原因とした発生か否か，仕損の程度，指図書発行の有無，補修か代品製作か等によって処理方法を選択する。

6．仕損費の処理方法は，次のいずれかによる。

① 仕損費の実際発生額または見積額を指図書に賦課する。

② 間接費として発生部門に賦課する。この場合には，当該製造部門の予定間接費額に仕損の予定額を算入して，間接費の予定配賦率を計算する。

7．建設工事や造船，ソフトウェア等の請負工事契約では，請負価額が契約によって確定しており，その完成までには相当の期間を要する。そのような請負工事契約の場合，工事収益は，履行義務が一時点で充足されるのか，または一定期間にわたり充足されるのか，にもとづいて認識される。

1 個別原価計算の意義と特徴

❶ 個別原価計算の意義と種類

一般に，生産形態の違いに応じて，製品別計算の方法は異なる。顧客の注文に応じて個別的に製品を生産する形態の「受注生産」が行われる場合，個別原価計算が採用される。例えば，建設工事や造船，ソフトウェア等の請負工事契約にも個別原価計算が適用される。一方，規格化された標準製品を見込み的に連続生産する形態である「見込生産」あるいは「市場生産」が行われる場合には総合原価計算が採用される。

個別原価計算は，指図書別原価計算ともよばれ，顧客の注文に応じて異なる製品を個別的に生産する状況で採用される製品別計算の方法である。個別原価計算では，各製品別に**製造指図書（特定製造指図書）**を発行し，各製造指図書に個別に製造原価を集計する。

受注生産経営では，顧客の注文に応じて製品が製造されるので，製品原価が互いに異なり，経営者にとっては個々の製品相互間における原価の相違がきわめて重要である。したがって，個別原価計算では，製造指図書番号を付した原価計算票に製造原価を集計していく。また，経営の目的とする製品の生産に際してのみでなく，自家用の建物，機械，工具等の製作または修繕，試験研究，試作，仕損品の補修，仕損による代品製作等に際しても，特定製造指図書を発行する場合には，個別原価計算が適用される。

なお，正式の原価計算の手続は，費目別計算 → 部門別計算 → 製品別計算というステップを経るが，製造間接費の部門別計算を省略した手続が採られることもある。単純個別原価計算は，このように部門別計算を省略した個別原価計算のことをいう。原価計算を簡略化して実施しようとする中小企業向きである。一方，部門別計算を行う個別原価計算を部門別個別原価計算という。部門別個別原価計算は，正確な製品原価の計算と有効な原価管理を必要とする大企業向きであり，部門別に集計された製造原価を再び直課と配賦によって製造指図書番号別に再集計する。

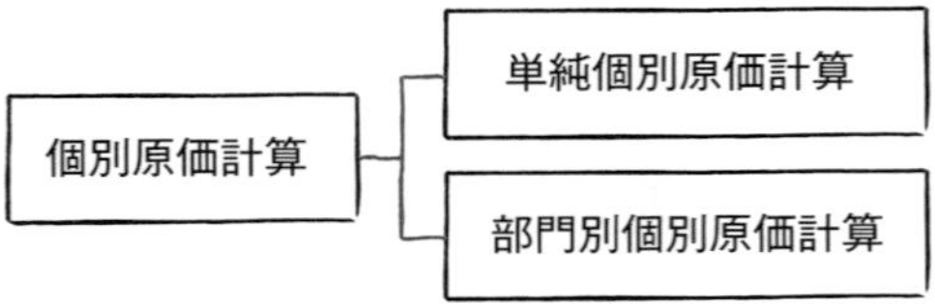

❷ 製造指図書と原価計算表

個別原価計算において使用される製造指図書は，特定製造指図書とよばれる。原価計算担当者は，生産技術部門（技術部，生産管理部など）が作成した製造指図書の写しを受け取ると，製造指図書番号が記入された**原価計算表（原価計算票）**を作成する。個別原価計算の中心はこの原価計算票にあり，製造する製品は，その製品の製造指図書番号によって代表され，各製造指図書番号の記載された原価計算票がそれぞれ用意される。

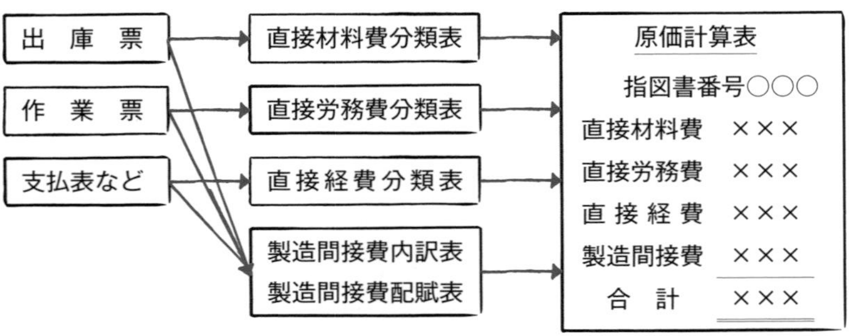

❸ 製造直接費の直課と製造間接費の配賦

個別原価計算では，特定製造指図書について個別的に直接費および間接費を集計し，これを当該製造指図書で指示された製品の生産完了時に製品原価を算定する。製造原価は，指図書ごとに区別して把握できる製造直接費と，区別して把握できない製造間接費とに分けられ，指図書番号別の原価計算票への集計にあたり，製造直接費は原価計算票に**直課**し，製造間接費は**配賦**する。なお，製造間接費の配賦は，実際配賦ではなく予定配賦が原則とされており，予定配賦にともなって発生する配賦差額の処理が必要になる。

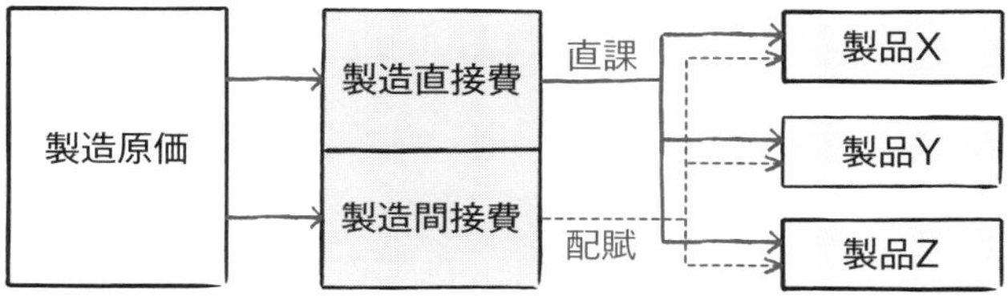

2 個別原価計算の記帳

勘定記入をする際には，利用される各種帳票類の役割を理解することが重要である。そのため，単純個別原価計算の場合には，製造間接費の発生額を製造間接費元帳に記入し合計額を計算したのちに，各製造指図書に配賦するために**製造間接費配賦表**を作成する。

部門別個別原価計算では，部門費の第１次集計および第２次集計により製造部門に製造間接費を集計して部門費振替表を作成したのちに，各製造部門から各製造指図書に配賦するために**製造部門費配賦表**を作成する。

個別原価計算では製造指図書番号を付した原価計算票に製造原価を集計す

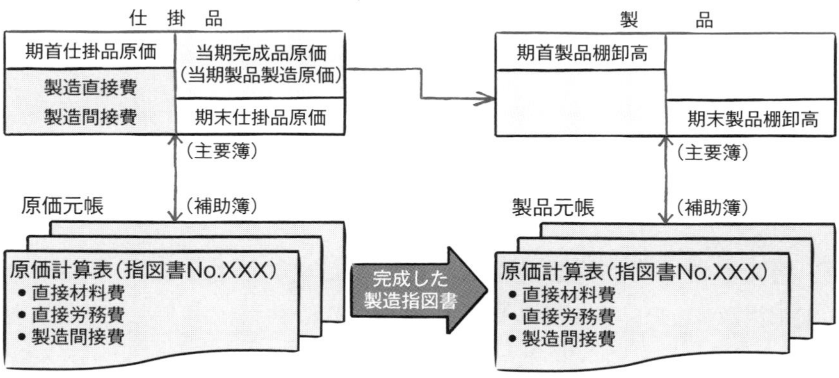

るから，未完成の指図書に対する原価計算票をファイルしたものが**原価元帳**であり，仕掛品勘定に対する補助元帳である。また，完成した製造指図書に対する原価計算票は，製品勘定に対する補助元帳である**製品元帳**にファイルされる。

3 仕損費の計算と処理

仕損（しそんじ）とは何らかの原因で製造に失敗し，品質や規格の標準に合致しない不合格品ないし不完全品が発生することである。良品に対し，そのような不合格品を**仕損品**（しそんじひん）とよぶ。ある顧客から注文を受けた特定の製品を製造しているときに，仕損が生じることがある。仕損の処理については，その発生原因に応じて行われる。そのため，正常な状態を原因とした発生か否か，仕損の程度や指図書発行の有無，さらに補修可能か代品製作か，などの条件に適合した処理方法を把握する必要がある。

❶ 補修指図書を発行する場合

仕損が補修によって合格品となりうる状況では，補修のための補修指図書を発行する場合と発行しない場合がある。補修指図書を発行する場合は，その補修指図書に集計された金額が仕損費となる。

❷ 代品製造指図書を発行する場合

代品を製造する場合も同様に，代品製造のため新指図書を発行する場合と発行しない場合がある。代品指図書を発行する場合，旧指図書（仕損の発生した指図書）の全部が仕損となったのであれば，旧指図書に集計された実際製造原価を仕損費とする。旧指図書の一部が仕損となったならば，新指図書（代品製造指図書）に集計された実際製造原価を仕損費とする。

❸ 補修または代品の製造指図書を発行しない場合

補修指図書を発行しない場合には，補修に必要な材料の単価と数量，補修に必要な加工作業の加工費率と作業時間などの見積りにもとづいて，仕損費を見積額で計算する。代品製造の場合には，代品製造に要する製造原価見積額を仕損費とする。軽微な仕損の場合，仕損費を計上せずに，見積売却価額等を製造原価から控除するにとどめることができる。

なお，仕損品に売却価値または利用価値がある場合には，いずれの場合においても，その見積額を控除して仕損費を計算する。そのようにして計算した仕損費は，次のいずれかの方法によって処理をする。

(1) ある製造指図書の作業に特殊な加工を必要とすることから仕損が発生した場合，仕損費の実際発生額または見積額を，当該仕損に関係ある製造指図書に賦課する。

(2) どの製造指図書の作業にも共通して起こりうる仕損が偶然に当該製造指図書の製造過程で生じた場合，製造間接費として仕損の発生部門に賦課する。この場合，間接費の予定配賦率の計算において，当該製造部門の予定間接費額中に仕損費の予定額を算入する。

例題6－1

当社の駿河台工場は，2製造部門と2補助部門を擁しており，実際部門別個別原価計算を実施している。資料にもとづき，指図書別の原価計算表および部門費配賦表（階梯式配賦法）を完成させ，各製造部門における製造間接費配賦差異に関する仕訳を示しなさい。

［資　料］……………………………………………………………………

1　実績データ

(ア)　直接材料消費量（kg）および直接作業時間（h）

	#101	#101-2	#102	#102-2	#103	#103-2
材料消費量	1,300	1,000	1,500	600	1,000	－
作業時間						
切削部	700	600	830	420	480	220
組立部	550	540	690	350	400	270

(イ)　原価データ（実際発生額）

- 直接材料費：16,308,000円
- 直接労務費：切削部7,152,000円，組立部6,405,900円

• 製造間接費（第１次集計後部門費・仕損費は除く）：

切削部	組立部	動力部	修繕部
4,861,500円	4,280,550円	5,613,000円	2,850,000円

(ウ) 補助部門費の用役提供に関するデータ

	切削部	組立部	動力部
動力部：kWh	4,500	3,500	－
修繕部：時間	260	130	110

2　予算に関するデータ

(ア) 直接材料費予定消費価格：3,000円/kg

(イ) 直接労務費予定賃率：切削部2,190円/時間，組立部2,250円/時間

(ウ) 製造間接費予算額（年間）：

	固定費予算額	変動費率	年間基準操業度
切削部	108,000,000円	1,380円/時間	48,000時間
組立部	113,160,000円	1,530円/時間	46,000時間

※製造間接費予算額は，階梯式配賦法による補助部門費配賦後のものである。切削部の予定配賦率には仕損費の予定額が算入されているが，組立部の予定配賦率には算入されていない。なお，製造間接費は直接作業時間を基準に配賦されている。

3　製造指図書に関する事項

(ア) ＃101-2は，＃101が組立部において全部仕損となり，補修不可能であるため，代品製作のために発行された指図書である。

(イ) ＃102-2は，＃102が切削部において一部仕損となり，補修不可能であるため，代品製作のために発行された指図書である。

(ウ) ＃103-2は，＃103が組立部において一部仕損となり，補修のために発行した指図書である。

(エ) ＃101および＃102において発生した仕損品の評価額は，それぞれ1,125,000円と1,563,000円である。

(オ) ＃103のみが未完成である。

解答へのアプローチ

仕損費の処理方法は発生原因に応じて異なる。仕損費は当該指図書か発生部

門に賦課する。本例題の状況は，仕損が発生した指図書に賦課する場合と，仕損が発生した部門に賦課する場合が混在していることに注意が必要である（原価計算基準35）。

［解　答］……………………………………………………………………………………

指図書別原価計算表

	#101	#101-2	#102	#102-2	#103	#103-2
直接材料費	3,900,000	3,000,000	4,500,000	1,800,000	3,000,000	0
直接労務費						
切削部	1,533,000	1,314,000	1,817,700	919,800	1,051,200	481,800
組立部	1,237,500	1,215,000	1,552,500	787,500	900,000	607,500
製造間接費						
切削部	2,541,000	2,178,000	3,012,900	1,524,600	1,742,400	798,600
組立部	2,194,500	2,154,600	2,753,100	1,396,500	1,596,000	1,077,300
計	11,406,000	9,861,600	13,636,200	6,428,400	8,289,600	2,965,200
仕損品評価額	△1,125,000			△1,563,000		
仕　損　費	△10,281,000	10,281,000		△4,865,400	2,965,200	△2,965,200
合　　計	0	20,142,600	13,636,200	0	11,254,800	0
備　　考	#101-2へ振り替え	完成	完成	切削部へ振り替え	仕掛中	#103へ 振り替え

部門費配賦表

費目	製造部門		補助部門	
	切削部	組立部	動力部	修繕部
部　門　費	4,861,500	4,280,550	5,613,000	2,850,000
修 繕 部 費	1,482,000	741,000	627,000	
動 力 部 費	3,510,000	2,730,000	6,240,000	
仕　損　費	4,865,400	–		
製造部門費	14,718,900	7,751,550		

（借）製造間接費配賦差異　2,921,400　（貸）切　削　部　2,921,400

（借）組　立　部　3,420,450　（貸）製造間接費配賦差異　3,420,450

※切削部製造間接費配賦差異：

14,718,900円－3,630円/時間×3,250時間＝2,921,400円（不利差異）

組立部製造間接費配賦差異：

3,990円/時間×2,800時間－7,751,550円＝3,420,450円（有利差異）

なお，もし発生した仕損が災害など異常な状態を原因としたものであれば，それは非原価項目であるので，当該異常仕損費を製造原価から控除し，営業外費用あるいは特別損失として処理する。

4 作業屑（くず）の処理

製品の製造では原材料の加工を行うが，その結果，金属加工の削りかすなどのように，その一部が残ることがある。このときに，この残りである作業屑が販売可能あるいは利用価値がある場合，『原価計算基準』によれば，その金額を次のように会計処理する。

① 発生部門の部門費から差し引く

② 作業屑が生じた製造指図書の直接材料費から差し引く

③ 作業屑が生じた製造指図書の製造原価から差し引く

作業屑が軽微な場合は，作業屑の処分によって得た収入を原価計算外の収益とすることができる。

例題6－2

部門別個別原価計算を実施しているＨ工業の原価計算担当者として，次の部門費配賦表と計算条件にもとづいて指図書別の原価計算表を完成させ，①～⑥の事項に関する仕訳を示しなさい。

［資　料］……………………………………………………………………

部門費配賦表　（単位：円）

費目	合計	製造部門		補助部門		
		第１製造部	第２製造部	動力部	修繕部	管理部
間接材料費	345,000	100,000	115,000	40,000	75,000	15,000
間接労務費	2,175,000	355,000	405,000	435,000	325,000	655,000
間接経費	2,480,000	445,000	430,000	275,000	300,000	1,030,000
部門個別費	5,000,000	900,000	950,000	750,000	700,000	1,700,000
部門共通費	1,200,000					
部門費						
動力部費						
修繕部費						
管理部費						
製造部門費						

原価計算表　　　　　（単位：円）

	#101	#102	合計
直接材料費	2,250,000	2,100,000	4,350,000
直接労務費	1,150,000	1,250,000	2,400,000
直接費合計	3,400,000	3,350,000	6,750,000

<計算条件>

(ア)　部門共通費の配賦は各部門の部門個別費の比による。

(イ)　補助部門費の配賦は直接配賦法による。第１製造部と第２製造部への配賦割合は，動力部費６：４，修繕部費４：６，管理部費５：５である。

(ウ)　製造部門費の指図書への配賦は直接作業時間基準による。各部門における直接作業時間は次のとおりである。

	#101	#102	合計
第１製造部	7,500時間	5,000時間	12,500時間
第２製造部	6,000時間	9,000時間	15,000時間

(エ)　作業屑は，製造指図書#101から600kg，#102から700kg生じており，その評価額は@50円である。各指図書別原価の全体から控除する。

(オ)　各指図書の作業は，すべて完了したものとする。

<仕訳問題>

①　部門個別費を賦課し，部門共通費を配賦する。

②　直接材料費および直接労務費を各製造指図書へ賦課する。

③　補助部門費を製造部門へ振り替える。

④　製造部門費を各製造指図書へ配賦する。

⑤　作業屑の発生を認識する。

⑥　製造指図書の製品が完成した。

解答へのアプローチ

部門別個別原価計算における部門費の第１次集計・第２次集計と製造部門費の製品別配賦の各手続および勘定連絡図を正確に理解することが求められている。なお，単純個別原価計算では，部門別計算に関する記帳関係を簡略化すればよい。

[解　答]……………………………………………………………………………

部門費配賦表　（単位：円）

費目	合計	製造部門		補助部門		
		第1製造部	第2製造部	動力部	修繕部	管理部
間接材料費	345,000	100,000	115,000	40,000	75,000	15,000
間接労務費	2,175,000	355,000	405,000	435,000	325,000	655,000
間接経費	2,480,000	445,000	430,000	275,000	300,000	1,030,000
部門個別費	5,000,000	900,000	950,000	750,000	700,000	1,700,000
部門共通費	1,200,000	216,000	228,000	180,000	168,000	408,000
部門費	6,200,000	1,116,000	1,178,000	930,000	868,000	2,108,000
動力部費		558,000	372,000			
修繕部費		347,200	520,800			
管理部費		1,054,000	1,054,000			
製造部門費	6,200,000	3,075,200	3,124,800			

原価計算表

	#101	#102	合計
直接材料費	2,250,000	2,100,000	4,350,000
直接労務費	1,150,000	1,250,000	2,400,000
製造直接費合計	3,400,000	3,350,000	6,750,000
第1製造部費	1,845,120	1,230,080	3,075,200
第2製造部費	1,249,920	1,874,880	3,124,800
製造間接費合計	3,095,040	3,104,960	6,200,000
作業屑評価額	△30,000	△35,000	△65,000
製造原価	6,465,040	6,419,960	12,885,000

①	（借）	第1製造部	1,116,000	（貸）	製造間接費	6,200,000
		第2製造部	1,178,000			
		動力部	930,000			
		修繕部	868,000			
		管理部	2,108,000			
②	（借）	仕掛品－#101	3,400,000	（貸）	材料	4,350,000
		仕掛品－#102	3,350,000		賃金給料	2,400,000
③	（借）	第1製造部	1,959,200	（貸）	動力部	930,000
		第2製造部	1,946,800		修繕部	868,000
					管理部	2,108,000

④	（借）	仕掛品－#101	3,095,040	（貸）	第 1 製造部	1,845,120
					第 2 製造部	1,249,920
	（借）	仕掛品－#102	3,104,960	（貸）	第 1 製造部	1,230,080
					第 2 製造部	1,874,880
⑤	（借）	作業屑	65,000	（貸）	仕掛品－#101	30,000
					仕掛品－#102	35,000
⑥	（借）	製品	12,885,000	（貸）	仕掛品－#101	6,465,040
					仕掛品－#102	6,419,960

作業屑は，原則として，その評価額を発生部門の部門費から控除する。ただし，必要ある場合には，これを当該製造指図書の直接材料費ないし製造原価から控除することができる。

応用word

★特定製造指図書と継続製造指図書

製造指図書は，製造活動に関する命令書であるため，個別原価計算を適用する受注生産の場合だけに用いられるものではない。特定の製造番号が付された製造指図書（特定製造指図書）が発行される場合に，個別原価計算が適用される。一方，共通の製造番号を有する量産品用の製造指図書（継続製造指図書）が発行される場合には，第７章で扱う総合原価計算が適用される。

原価計算基準では，個別原価計算においては特定製造指図書について個別的に原価（直接費・間接費）を集計し，総合原価計算においては継続製造指図書に従って生産された期間生産量に対して原価を集計するべき旨が示されている。

5 工事契約およびソフトウェアの受注制作契約の原価計算

建設業，造船業などに見られるような工事契約やソフトウェアの受注制作契約については，通常，個別原価計算が採用され，工事収益・工事原価の計上や販売費および一般管理費の処理などについて，固有の問題が存在する。

2021年４月１日以後に開始する事業年度より新たに収益認識基準および収

益認識適用指針が適用されている。そのため，工事進行基準もしくは工事完成基準により収益を認識することとしていた工事契約会計基準および工事契約適用指針が廃止されることになる。収益認識基準および収益認識適用指針では，識別されたそれぞれの履行義務が一定の期間にわたり充足されるものは一定期間にわたって収益を認識し，履行義務が一時点で充足されるものは一時点で収益を認識する。

一定の期間にわたり充足される履行義務については，履行義務の充足に係る進捗度を合理的に見積ることができる場合にのみ，当該進捗度にもとづき，収益を一定の期間にわたり認識する。履行義務の充足に係る進捗度の適切な見積りの方法には，アウトプット法とインプット法があり，その方法を決定するにあたっては，財またはサービスの性質を考慮する。

アウトプット法は，現在までに移転した財またはサービスの顧客にとっての価値を直接的に見積る方法である。アウトプット法に使用される指標には，現在までに履行を完了した部分の調査，達成した成果の評価，達成したマイルストーン，経過期間，生産単位数，引渡単位数等がある。一方，インプット法とは，履行義務の充足に使用されたインプットが，契約における取引開始日から履行義務を完全に充足するまでに予想されるインプット合計に占める割合にもとづき，収益を認識する方法をいう。インプット法に使用される指標には，消費した資源，発生した労働時間，発生したコスト，経過期間，機械使用時間等がある。従前より多くの工事契約等では原価比例法が採用されており，この方法はインプット法のうち発生したコストを指標とする方法に該当する。インプット法（発生したコストを指標とする）にもとづく方法によれば，各年度の工事収益は次式により計算される。

$$\text{工事収益}=\text{契約価額}\times\frac{\text{発生原価累計額}}{\text{発生原価累計額}+\text{次期以降発生原価見積額}}-\text{過年度工事収益累計額}$$

なお，一定の期間にわたり充足される履行義務のうち，進捗度を合理的に見積ることができない場合，かつ，発生する費用を回収することが見込まれる場合には，進捗度を合理的に見積ることができる時まで，原価回収基準により処理する。原価回収基準とは，履行義務を充足する際に発生する費用のうち，回収することが見込まれる費用の金額で収益を認識する方法をいう。

工事利益は，工事収益から工事費用を差し引くことによって計算される。工事利益の計上方法には，(1)純額で計上する純額主義と，(2)総額で計上する総額主義とがある。

例題６－３

資料の工事契約に関して，インプット法（発生したコストを指標とする）にもとづいて，(イ)純額主義および(ロ)総額主義により，工事利益を計上する場合のそれぞれの仕訳を示しなさい。

［資　料］……………………………………………………………………

	20X0年末	20X1年末	20X2年末
契約価額	1,800,000円	1,800,000円	1,800,000円
各期の原価発生額			
材料費	72,000円	540,000円	148,000円
労務費	36,000円	166,000円	124,000円
経費	12,000円	150,000円	62,000円
次期以降発生原価見積額	1,080,000円	244,000円	

本工事契約は，20X0年８月１日に請け負い，その後の経緯は次のとおりである。

① 20X0年９月１日に工事代金の一部（180,000円）を小切手で受け取った。

② 20X0年12月31日に決算日を迎えた。

③ 20X1年９月１日に工事代金の一部（1,200,000円）を小切手で受け取った。

④ 20X1年12月31日に決算日を迎えた。

⑤ 20X2年３月31日に工事が完成し，残金（420,000円）を小切手で受け取った。

解答へのアプローチ

工事契約にかかわる会計処理について，インプット法（発生したコストを指標とする）にもとづく計算方法と，工事収益の計上における純額主義と総額主義による方法，および工事契約独自の勘定科目について，正しい理解が求められる。したがって，まずは，各期の発生原価累計額，収益額，および利益額を計算する。

	20X0年末	20X1年末	20X2年末
A　契約価額（A）	1,800,000円	1,800,000円	1,800,000円
各期の原価発生額：			
材料費	72,000円	540,000円	148,000円
労務費	36,000円	166,000円	124,000円
経費	12,000円	150,000円	62,000円
B　合　計（当期工事原価）	120,000円	856,000円	334,000円
C　発生原価累計額	120,000円	976,000円	1,310,000円
D　次期以降発生原価見積額	1,080,000円	244,000円	
E　見積原価発生総額（C＋D）	1,200,000円	1,220,000円	1,310,000円
F　工事進行率（C÷E）	10%	80%	100%

(イ)　純額主義	20X0年末	20X1年末	20X2年末
G　見積利益額（A－E）	600,000円	580,000円	490,000円
H　発生収益（F×G）	60,000円	464,000円	490,000円
I　当期工事利益（H－前期末H）	60,000円	404,000円	26,000円

(ロ)　総額主義	20X0年末	20X1年末	20X2年末
J　発生収益累計額（A×F）	180,000円	1,440,000円	1,800,000円
K　当期工事収益（J－前期J）	180,000円	1,260,000円	360,000円
L　当期工事利益（K－B）	60,000円	404,000円	26,000円

［解　答］……………………………………………………………………

(イ)　純額主義

①	（借）現　金	180,000	（貸）	工事前受金	180,000
②	（借）未成工事	120,000	（貸）	材料費	72,000
				労務費	36,000
				経費	12,000
	（借）未成工事	60,000	（貸）	工事利益	60,000
③	（借）現　金	1,200,000	（貸）	工事前受金	1,200,000
④	（借）未成工事	856,000	（貸）	材料費	540,000
				労務費	166,000
				経費	150,000

	(借)	未成工事	404,000	(貸)	工事利益	404,000
⑤	(借)	未成工事	334,000	(貸)	材料費	148,000
					労務費	124,000
					経費	62,000
	(借)	現金	420,000	(貸)	工事前受金	420,000
	(借)	工事前受金	1,800,000	(貸)	未成工事	1,800,000
	(借)	未成工事	26,000	(貸)	工事利益	26,000

(ロ) 総額主義

①	(借)	現金	180,000	(貸)	工事前受金	180,000
②	(借)	未成工事	120,000	(貸)	材料費	72,000
					労務費	36,000
					経費	12,000
	(借)	工事原価	120,000	(貸)	未成工事	120,000
	(借)	未成工事未収金	0	(貸)	工事収益	180,000
		工事前受金	180,000			
③	(借)	現金	1,200,000	(貸)	工事前受金	1,200,000
④	(借)	未成工事	856,000	(貸)	材料費	540,000
					労務費	166,000
					経費	150,000
	(借)	工事原価	856,000	(貸)	未成工事	856,000
	(借)	未成工事未収金	60,000	(貸)	工事収益	1,260,000
		工事前受金	1,200,000			
⑤	(借)	未成工事	334,000	(貸)	材料費	148,000
					労務費	124,000
					経費	62,000
	(借)	工事原価	334,000	(貸)	未成工事	334,000
	(借)	現金	420,000	(貸)	未成工事未収金	60,000
					工事収益	360,000

練習問題 6−1

当社の各工場では実際個別原価計算を実施している。製造指図書＃75と＃220のそれぞれについて，各勘定に適切な金額を記入するとともに，正常仕損費を計算しなさい。なお，いずれも代品の製造は行っていない。

問1　TH工場における製造指図書＃75の製品量は35,200個であったが，完成品検査で2,720個が不合格となった。仕損は当該指図書に固有のものでなく発注量も正常であった。当該指図書に集計された直接労務費は1,100,000円であった。製造間接費は直接材料費基準で予定配賦（配賦率250％）している。仕損品は材料として再利用可能（評価額１個25円）であり，材料倉庫に保管した。なお，当工場の製造間接費予算には正常仕損費予算が含まれている。

問2　HO工場における製造指図書＃220は，最新製品の製造指図書であり，とくに良質の材料を使用しており加工も非常に難しい。正常な状態で加工を行ったが，完成品2,240個分の材料を投入し，完成品検査に合格したのは1,520個であった。当該指図書に集計された直接材料費と直接労務費は各々520,000円と340,000円であった。製造間接費は直接労務費基準で予定配賦（配賦率200％）している。仕損品は材料として再利用可能（評価額１個50円）であり，材料倉庫に保管した。なお，当工場の製造間接費予算には仕損費予算は含まれていない。

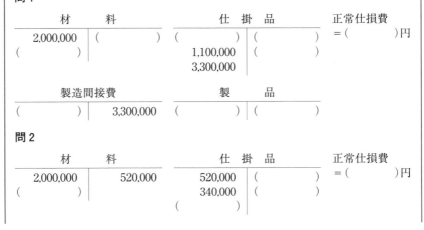

問1

材　料

2,000,000	(　　　)
(　　　)	

仕　掛　品

(　　　)	(　　　)
1,100,000	(　　　)
3,300,000	

正常仕損費
＝(　　　)円

製造間接費

(　　　)	3,300,000

製　品

(　　　)	(　　　)

問2

材　料

2,000,000	520,000
(　　　)	

仕　掛　品

520,000	(　　　)
340,000	(　　　)
(　　　)	

正常仕損費
＝(　　　)円

製造間接費	
(　　　　　)	(　　　　　)

製　　品	
(　　　　　)	(　　　　　)

(注)　必ずしもすべての（　）内に金額を記入する必要はない。問題文に明示された条件に適切な記入を行うこと。

⇒ 解答は198ページ

練習問題 6－2

当社の国立工場は２製造部門と２補助部門を有している。補助部門費は複数基準配賦法と直接配賦法を用いて各製造部門へ配賦している。第２製造部では個別原価計算を実施している。資料にもとづいて次の問いに答えなさい。

問１　指図書別原価計算表を完成させなさい。

問２　第２製造部におけるコストセンター別に当月の操業度差異を計算しなさい。ただし，固定費率を用いること（有利か不利かも記入のこと）。

［資　料］

Ⅰ．第２製造部に関する資料

(1)　当月の生産活動は次のとおりであった。

(ア)　製造指図書＃310にもとづいて製品を30,000個生産した。最終検査により仕損品が4,000個確認されたので，補修指図書＃310-1を発行して仕損品の補修を行った。仕損費は当該指図書に賦課する。

(イ)　製造指図書＃320にもとづいて製品を10,000個生産した。最終検査により仕損品が2,000個確認されたが，補修不能のため製造指図書＃320-1を発行して代品を生産した。仕損品は１個400円で売却可能である。仕損費は当該指図書に賦課する。

(ウ)　製造指図書＃330にもとづいて製品を5,000個生産した。

(2)　各指図書別に集計された直接材料費は次のとおりである（単位：円)。

	＃310	＃310-1	＃320	＃320-1	＃330
直接材料費	6,000,000	240,000	10,000,000	2,000,000	2,000,000

(3)　第２製造部は主要設備が２台あり，１日２交代制で16時間操業している。年間作業可能日数は310日であるが，設備保全のため不可避的な休業休止時間が各主要設備につき年間160時間ある。

⑷　直接工の消費賃率は作業時間当たり5,000円である。なお，直接作業時間は機械作業時間（機械運転時間）に等しいものとする。

⑸　製造間接費は，主要設備別に設定した２つのコストセンター（CP1とCP2）に集計し，部門別配賦率を用いて機械作業時間基準で予定配賦している。予定配賦率は実際的生産能力にもとづいて設定している。なお，当月の実際機械作業時間は次のとおりである。

	＃310	＃310-1	＃320	＃320-1	＃330
CP1	150時間	0時間	150時間	45時間	15時間
CP2	180時間	24時間	140時間	28時間	18時間

⑹　各コストセンターの補助部門費配賦前の月次製造間接費予算額は次のとおりである。なお，製造間接費予算には仕損費予算は含まれていない。

CP1：変動費3,090,000円，固定費7,110,000円

CP2：変動費1,200,000円，固定費6,550,000円

Ⅱ．補助部門に関する資料

⑴　各補助部門の月次予算

動力部：変動費2,700,000円，固定費5,100,000円

事務部：変動費1,800,000円，固定費3,600,000円

⑵　各補助部門用役の当月消費予定量の割合（ただし，カッコ内は消費能力の割合）

	第１製造部	第２製造部		動力部	事務部
		CP1	CP2		
動力部用役	35%（35%）	30%（25%）	25%（25%）	－	10%（15%）
事務部用役	30%（40%）	30%（25%）	30%（25%）	10%（10%）	－

問1

指図書別原価計算表　　（単位：円）

	#310	#310-1	#320	#320-1	#330
直接材料費 直接労務費 製造間接費 CP1 CP2					
計 仕損品評価額 仕損費					
合計					
備考					

問2

	CP1	CP2
操業度差異	円（　　　）	円（　　　）

解答は200ページ

第7章 総合原価計算

学習のポイント

1．製品別計算は一定の製品単位に原価を集計して単位製品の製造原価を計算する手続であり，個別原価計算と総合原価計算の２つの基本的な形態がある。本章では，市場生産形態に適用される総合原価計算について学習する。

2．総合原価計算は，原価集計の単位が期間生産量であることを特質とする。継続製造指図書にもとづき，一期間における生産量について総製造費用を算定し，これを期間生産量に分割負担させることによって完成品総合原価を計算する。

3．完成品原価と期末仕掛品原価の評価方法（配分方法）には，平均法，修正先入先出法，純粋先入先出法等がある。それらの方法に応じて，原材料費，加工費の別に投入量と産出量とのフロー関係と計算の論理を理解することが重要である。

4．正常な状態を原因として生じた仕損費（減損費）を良品に負担させる方法には，度外視法と非度外視法がある。

① 度外視法では，正常仕損費（減損費）を分離することなく，自動的に良品に負担させる。

② 非度外視法では，正常仕損費（減損費）を分離・把握したうえで，按分計算によって良品に負担させる。

5．工程別に原価を集計して製品原価を計算していく総合原価計算の方法を工程別総合原価計算（工程別計算）という。工程別計算の方法には，累加法と非累加法がある。また，対象とする原価要素の範囲によって全原価要素工程別計算と加工費法に区分される。

6．組別総合原価計算は，同一の工程において異種製品を組別に連続生産する形態に適用する。組別総合原価計算では，製造原価を組直接費と組間接費，または原料費と加工費とに分け，組直接費・原料費は各組に直課し，組間接費・加工費は適当な配賦基準により各組に配賦する。次いで，組別に単純総合原価計算の方法によって製品原価を計算する。

7．等級別総合原価計算は，同一工程において，同種製品を連続生産するが，その製品を形状，大きさ，品位等によって等級別に区別する場合に適用する。等級別総合原価計算では，各等級製品の等価係数にもとづく積数の比を用いて，次の方法により製品原価を計算する。

① 単純総合原価計算に近い方法では，1期間における完成品の総合原価を等級製品別に按分して，その製品原価を計算する。

② 組別総合原価計算に近い方法では，1期間の製造費用を等級製品別に按分して，その製品原価を計算する。

1 総合原価計算の意義と種類

総合原価計算は，同じ規格の製品を大量に生産する見込生産経営あるいは市場生産経営に適用される。最も単純なケースでは1原価計算期間に発生した製造原価を当該期間の生産量で除すると，製品の単位原価（平均製造原価）を求めることができる。個別原価計算では，製造指図書ごとに異なる規格の製品が製造されるため，特定指図書別に原価を集計する。しかし，総合原価計算では，1種類もしくは数種類の標準規格製品が量産されているため，同一種類の製品であり，しかも同じ期間に生産された製品であるならば，製造原価を指図書別に区別して把握する必要がない。したがって，総合原価計算の場合には**継続製造指図書**が発行され，個別原価計算の場合とは異なり個々の製造指図書が原価集計の単位とはならない。

総合原価計算は，経営の生産形態の観点から，大きく3つの基本形態に区分される。

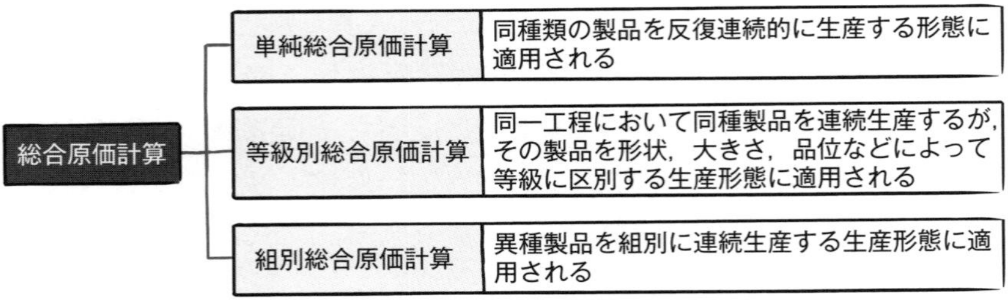

したがって，総合原価計算は，原価計算対象となる製品の同質性の程度，工程別計算の有無，各工程に集計する原価要素の範囲によって分類できる。

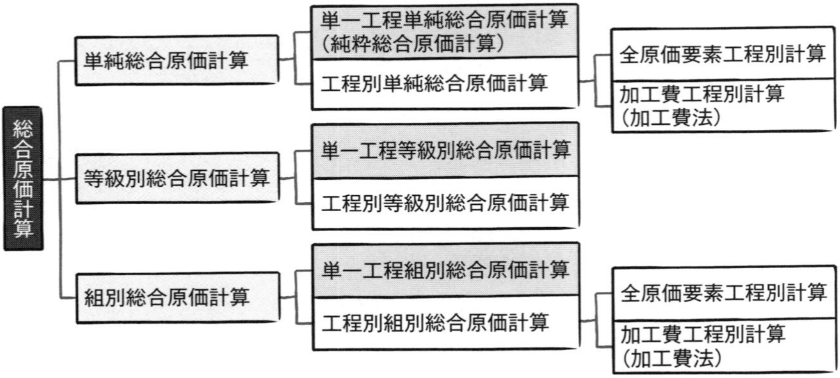

総合原価計算における総勘定元帳の仕掛品勘定と製品勘定の記入は，個別原価計算を採用している場合と同じである。ただし，その内容と計算手続に相違がある。

個別原価計算を採用している場合には，期末仕掛品原価は，未完成の製造指図書に集計された製造原価の合計額であるのに対して，総合原価計算の場合には，仕掛品勘定の借方合計額を完成品と期末仕掛品に按分しなければならない。

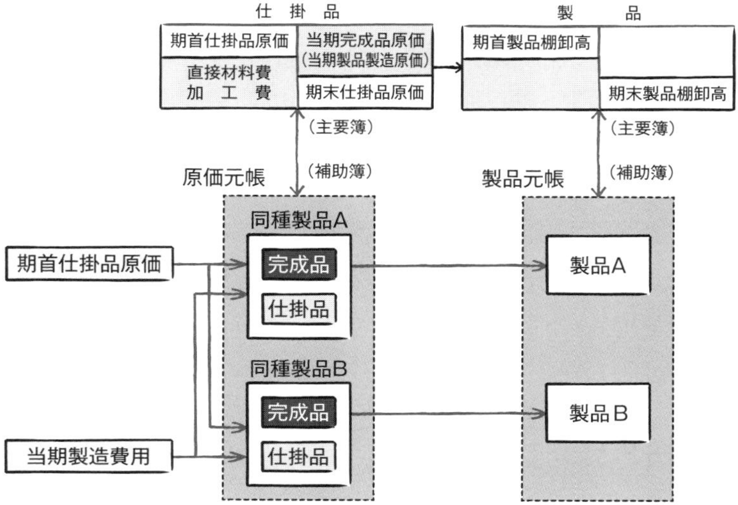

2 単純総合原価計算

単純総合原価計算は，同種製品を反復連続的に生産する生産形態に適用する。単純総合原価計算にあっては，一原価計算期間に発生したすべての原価要素を集計して当期製造費用を求め，これに期首仕掛品原価を加え，この合計額を，完成品と期末仕掛品とに分割計算することにより，これを製品単位に均分して単位原価を計算する。

❶ 完成品総合原価と期末仕掛品原価の計算

総合原価計算では，同種製品が連続生産されており，期末には同一の原価集計単位の中に完成品と仕掛品とが混在しているため，集計された総製造費用を完成品原価と期末仕掛品原価とに配分する必要がある。配分計算には「**進捗度**」が利用される。完成品を製造するために利用すべき資源を100%とするとき，その仕掛品が何%の資源を利用したのかが重要になる。これを仕掛品の進捗度という。進捗度は利用されている資源別に測定される。配分の手続は次のとおりである。

① 原則として直接材料費（原料費）と加工費とに区分

② 完成品換算量を計算（仕掛品量×仕掛品の進捗度）

③ 総製造費用を完成品総合原価と期末仕掛品原価に按分

そこで，按分するための方法である「平均法」「先入先出法」の計算を習得する必要がある。

(1) 平均法

完成品数量と期末仕掛品の完成品換算量にもとづいて「期首仕掛品原価＋当期製造費用」を按分計算する方法である。次式のように，期首仕掛品原価と当期製造費用がいったん合算され，それを完成品換算総量で除して平均単価を求める。

$$\text{完成品原価}=\frac{\text{期首仕掛品原価}+\text{当期製造費用}}{\text{完成品量}+\text{期末仕掛品換算量}}\times\text{完成品量}$$

$$\text{期末仕掛品原価}=\frac{\text{期首仕掛品原価}+\text{当期製造費用}}{\text{完成品量}+\text{期末仕掛品換算量}}\times\text{期末仕掛品換算量}$$

この場合，完成品も期末仕掛品も等しく期首仕掛品分と当期投入分（当期着手分）によって構成される。

(2) （修正）先入先出法

期首仕掛品が先に完成品になるという仮定の下に按分計算を行う方法である。この場合，投入量と産出量とのフロー図において，完成品は期首仕掛品と当期投入分（当期着手分）によって構成され（下図①と②），期末仕掛品は当期投入分（当期着手分）のみによって構成される（③）。

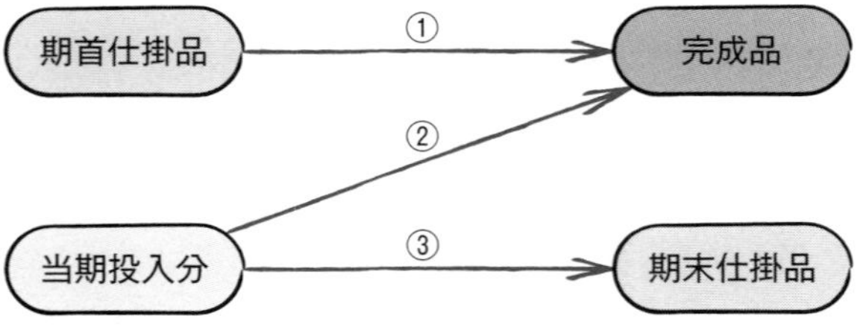

図中の①の数量に対応する原価が期首仕掛品原価であり，②＋③の数量に対応する原価が当期製造費用である。

したがって，次式のように，完成品総合原価は期首仕掛品完成分と当期着手完成品の原価の合計によって示され，期末仕掛品原価は当期着手未完成分の原価によって示される。

$$\text{完成品原価}=\text{期首仕掛品原価}+\frac{\text{当期製造費用}\times(\text{完成品量}-\text{期首仕掛品換算量})}{(\text{完成品量}-\text{期首仕掛品換算量})+\text{期末仕掛品換算量}}$$

$$\text{期末仕掛品原価}=\frac{\text{当期製造費用}\times\text{期末仕掛品換算量}}{(\text{完成品量}-\text{期首仕掛品換算量})+\text{期末仕掛品換算量}}$$

(3) 純粋先入先出法

前期着手当期完成の期首仕掛品完成分の作業能率と，当期着手完成品の作業能率を別々に把握する方法である。この方法によると，期別の作業能率の相違を反映させることができる。この場合，完成品は前期着手当期完成の期首仕掛品完成分と（下図①と②），当期着手完成品によって構成され（③），期末仕掛品は当期投入分（当期着手分）のみによって構成される（④）。

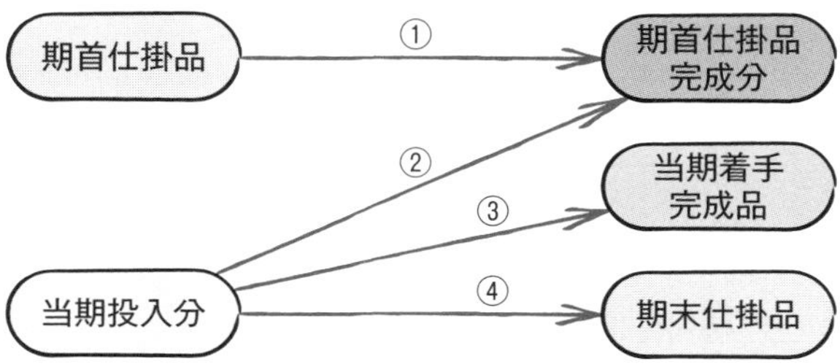

（修正）先入先出法と同じく図中の①の数量に対応する原価が期首仕掛品原価であるが，当期製造費用は，図中の②＋③＋④の数量に対応している。

したがって，次式のように，完成品総合原価は期首仕掛品完成分と当期着手完成分とが別個に計算され，期末仕掛品原価は当期着手未完成分の原価によって示される。

期首仕掛品完成品原価＝期首仕掛品原価

$$+\frac{\text{当期製造費用}\times(\text{期首仕掛完成品量}-\text{期首仕掛品換算量})}{(\text{期首仕掛完成品量}-\text{期首仕掛品換算量})+\text{当期着手完成品量}+\text{期末仕掛品換算量}}$$

当期着手完成品原価

$$=\frac{\text{当期製造費用}\times\text{当期着手完成品量}}{(\text{期首仕掛完成品量}-\text{期首仕掛品換算量})+\text{当期着手完成品量}+\text{期末仕掛品換算量}}$$

期末仕掛品原価

$$=\frac{\text{当期製造費用}\times\text{期末仕掛品換算量}}{(\text{期首仕掛完成品量}-\text{期首仕掛品換算量})+\text{当期着手完成品量}+\text{期末仕掛品換算量}}$$

例題７－１

当工場は，製品αを見込み生産しており，単一工程単純総合原価計算によって製品原価を計算している。当期の生産実績は資料に示す生産データのとおりである。⑴平均法，⑵先入先出法，および⑶純粋先入先出法を用いて，完成品原価および期末仕掛品原価を計算しなさい。

［資　料］…………………………………………………………………………

生産データ

期首仕掛品	250kg	(0.4)
当期着手	650kg	
合　　計	900kg	
期末仕掛品	200kg	(0.6)
完成品	700kg	

原価データ　（単位：円）

期首仕掛品	原材料費	200,000
	加工費	250,000
当期製造原価	原材料費	546,000
	加工費	1,980,000

なお，原材料はすべて始点で投入され，（　）内の数値は加工費進捗度を示している。

計算の過程で端数が生じる場合には，計算の最終結果において小数点以下を四捨五入する。

解答へのアプローチ

総合原価計算の問題に解答するためには，問題状況を適切に把握して，原材料費，加工費の別に投入量と産出量とのフロー関係を理解することが重要である。そのうえで，数量のフローに金額を対応させればよい。まず原材料費は，すべて始点投入なので進捗度は常に100%となる。加工費については，期首および期末の仕掛品の進捗度から完成品換算量を求める。

［解　答］…………………………………………………………………………………

(1) 平均法の場合

単純総合原価計算の平均法の下では，次のようなフロー図を描くことができる。

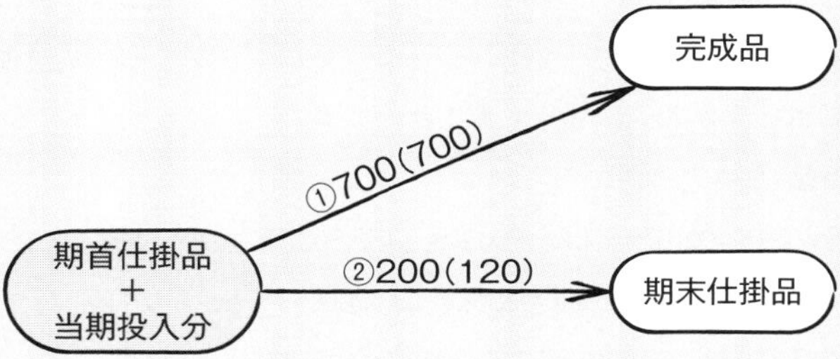

図中の各矢印における①および②の数値は，原材料費の完成品換算量と，加工費の完成品換算量（カッコ内）を表している。したがって，完成品原価および期末仕掛品原価は次のように計算することができる。

- **完成品**（①の矢印）

原材料費：(200,000円＋546,000円)÷(700kg＋200kg)×700kg＝580,222.22…円

加工費：(250,000円＋1,980,000円)÷(700kg＋120kg)×700kg＝1,903,658.53…円

完成品総合原価：580,222.22…円＋1,903,658.53…円≒2,483,881円

単位当たり完成品原価：(580,222.22…円＋1,903,658.53…円)÷700kg≒3,548円/kg

- **期末仕掛品**（②の矢印）

ここでは，借方の合計額から完成品総合原価を差し引く方法で解答しておく。

期末仕掛品原価：(746,000円＋2,230,000円)－2,483,881円＝492,119円

(2) 先入先出法（FIFO）の場合

単純総合原価計算の先入先出法の下では，次のようなフロー図を描くことができる。

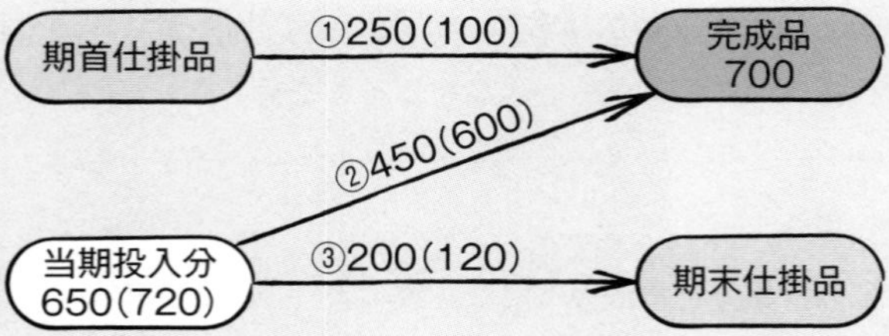

図中の各矢印における①～③の数値は，原材料費の完成品換算量と，加工費の完成品換算量（カッコ内）を表している。したがって，期末仕掛品原価および完成品原価は次のように計算することができる。

- **期末仕掛品**（③の矢印）

原材料費：546,000円÷650kg×200kg＝168,000円

加工費：1,980,000円÷720kg×120kg＝330,000円

期末仕掛品原価：168,000円＋330,000円＝498,000円

- **完成品**（①の矢印＋②の矢印）

ここでは，借方の合計額から期末仕掛品原価を差し引く方法で解答しておく。

完成品総合原価：(746,000円＋2,230,000円)－498,000円＝2,478,000円

単位当たり完成品原価：2,478,000円÷700kg ＝3,540円/kg

(3) 純粋先入先出法（純粋FIFO）の場合

単純総合原価計算の純粋先入先出法の下では，次のようなフロー図を描くことができる。

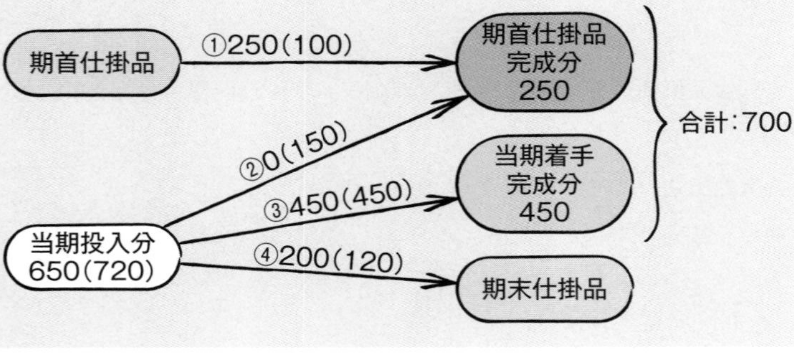

図中の各矢印における①〜④の数値は，原材料費の完成品換算量と，加工費の完成品換算量（カッコ内）を表している。したがって，期末仕掛品原価および完成品原価は次のように計算することができる。

- **期末仕掛品**（④の矢印）

原材料費：546,000円÷650kg×200kg＝168,000円

加工費：1,980,000円÷720kg×120kg＝330,000円

期末仕掛品原価：168,000円＋330,000円＝498,000円（先入先出法の場合と同じ）

- **期首仕掛品完成分**（①の矢印＋②の矢印）

原材料費：200,000円＋546,000円÷650kg× 0 kg＝200,000円

加工費：250,000円＋1,980,000円÷720kg×150kg＝662,500円

期首仕掛品完成分総合原価：200,000円＋662,500円＝862,500円

単位当たり完成品原価：862,500円÷250kg ＝3,450円/kg

- **当期着手完成分**（③の矢印）

原材料費：546,000円÷650kg×450kg＝378,000円

加工費：1,980,000円÷720kg×450kg＝1,237,500円

当月着手完成分総合原価：378,000円＋1,237,500円＝1,615,500円

単位当たり完成品原価：1,615,500円÷450kg ＝3,590円/kg

＜参考＞

例題のデータを使用して後入先出法で計算した場合には，完成品総合原価2,511,000円，単位当たり完成品原価3,587円 /kg，期末仕掛品原価465,000円と計算される。

練習問題 7−1

純粋先入先出法における原価管理上の長所と短所について簡潔に説明しなさい。

➡ 解答は201ページ

❷ 仕損と減損の計算と処理

製品の製造工程において，投入した資源が必ずしもすべて完成品に転化するとは限らない。このように投入した資源のうち製品へ転化した部分を製造歩留という。製造歩留を減少させる原因が仕損・減損である。**仕損**とは，加工の失敗等により予定した規格や品質基準に達しない生産品が産出されることをいい，その生産品を仕損品という。**減損**とは，加工中に蒸発，粉散，ガス化，煙化，屑化等により，原材料が製品に転化しない現象をいう。減損の処理は，仕損に準ずることとされている。

仕損と減損の計算と処理をするためには次の点に注意する必要がある。

① 正常発生額と異常発生額

(ア) 製造過程が適切に管理されている場合に，工程能力等の関係で不可避的に発生する仕損や減損を正常仕損・正常減損という。これに対し，異常な状態を原因として発生する仕損や減損，または通常の程度を超えて発生する仕損や減損を異常仕損・異常減損という。

(イ) 正常仕損費・正常減損費は製造活動において不可避に発生するコストであるから，これを良品に負担をさせる。一方，異常仕損費や異常減損費は良品の原価に含めず（非原価項目），発生原因に応じて，営業外費用あるいは特別損失として処理する。なお，仕損のない完成品と期末仕掛品を総称して良品といっている。

② 正常仕損発生点と良品の負担関係

正常仕損費を良品に負担させる際，発生した正常仕損費を完成品のみに負担させるか，完成品と期末仕掛品の両方に負担させるかが問題となる。理論的には，正常仕損発生点が期末仕掛品の進捗度よりも前であれば完成品と期末仕掛品が正常仕損費を負担し，そうでなければ，完成品のみが負担する。

③ 正常仕損費の負担計算の方法

(ア) 正常仕損費を良品に負担させるための計算方法には，度外視法と非度外視法の２つがある。

(イ) **度外視法**とは，正常仕損費を明示的に把握せずに，正常仕損費の良品への負担計算を行う方法である。これに対し，**非度外視法**では，正常仕損費を明示的に把握したうえで，正常仕損費の良品への負担計算を行う。

(ウ)　工程途中で正常仕損が発生した場合，度外視法では，投入量と産出量とのフロー関係において，正常仕損が発生しなかったかのように原価の配分計算を行う。その結果，度外視法によった場合，正常仕損費は完成品と期末仕掛品の両方が負担することとなる。

(エ)　非度外視法では，正常仕損量を度外視しないで計算を行う。非度外視法では，まず正常仕損費負担前の完成品原価，期末仕掛品原価，正常仕損費等を計算（分離計算）し，次いで正常仕損費の良品への配分計算（負担計算）を行う。

④　正常仕損が工程内の一定点で発生する場合の計算

正常仕損が工程内の一定点で発生した場合は，先に示した原則に従って計算すればよい。正常減損が工程始点で発生した場合は，正常減損費は原材料費のみで構成され，これを完成品と期末仕掛品が負担する。正常仕損が工程の終点で発生した場合は，完成品のみが正常仕損費を負担する。

⑤　減損が工程を通じて平均的に発生する場合の計算

(ア)　正常減損が工程内を通じて平均的に発生する場合，完成品と期末仕掛品が正常減損費を負担する。

(イ)　正常減損費の負担計算は加工進捗度を加味した数量で行う。

(ウ)　減損量の加工分の完成品換算量は減損した加工対象物が平均して2分の1の加工を受けていると考えられるので減損量に2分の1を乗じて計算する。

応用word

★製造歩留と度外視法・非度外視法

工程で消費された資源のすべてが製品となるとは限らない。5kg の材料を投入しても4kg 分の製品しか産出されないかもしれない。その原因の1つは仕損・減損の発生によるものであり，製造の現場では，仕損量や減損量を削減して製造歩留を向上するべく日々改善活動を行っている。製造歩留は次のように計算できる。

$$製造歩留（\%）=\frac{製品産出量}{原料投入量}\times 100\%$$

異常な状態を原因として発生する仕損・減損でない限り，仕損費・減損費は製品原価に算入する。総合原価計算において，そのような正常仕損費・正常減損費を製品原価に算入する方法には，度外視法と非度外視法がある。「原価計算基準」では度外視法が予定されているものの，有効な原価管理および正確な製品原価の計算のためには非度外視法が望ましい。

例題7－2

当工場は，単一工程単純総合原価計算によって製品原価を計算しており，先入先出法により原価配分を行っている。資料に示す当期の生産実績にもとづいて，問１から問３に答えなさい。

［資　料］

生産データ

期首仕掛品	500kg	(0.4)
当期着手	1,500kg	
合　計	2,000kg	
完成品	1,400kg	
正常減損	200kg	
期末仕掛品	400kg	(0.8)
合　計	2,000kg	

原価データ　（単位：円）

期首仕掛品	原材料費	980,000
	加工費	630,990
当期製造原価	原材料費	3,120,000
	加工費	5,047,920

なお，原材料はすべて始点で投入され，（　）内の数値は加工進捗度を示している。

計算の過程で端数が生じる場合には，計算の最終結果において小数点以下を四捨五入する。

問１　発生した減損の全量が正常減損であり，減損の発生点進捗度が0.6であるとする。度外視法で計算した場合，完成品総合原価と期末仕掛品原価を求めなさい。

問２　発生した減損の全量が正常減損であり，減損の発生点進捗度が0.6であるとする。非度外視法で計算した場合，完成品総合原価と期末仕掛品原価を求めなさい。

問３　発生した減損の全量が正常減損であり，工程内を通じて平均的に発生しているとする。非度外視法で計算した場合，完成品総合原価と期末仕掛品原価を求めなさい。

解答へのアプローチ

仕損や減損が発生する場合には，その発生が正常な状態を原因として発生したか否か，定点で発生か平均的に発生か，その発生点と仕掛品の進捗度の前後関係はどうか，仕損費・減損費の負担計算の方法は度外視法か非度外視法か等を慎重に把握する必要がある。いずれのパターンにおいても，原材料費，加工費の別に投入量と産出量とのフロー関係を理解し，正常減損費（仕損費）の負担先を決定して，数量のフローに金額を対応させる点に注意する。

なお，本例題では仕損は発生していないが，仕損が発生する場合の仕損費は「仕損費＝仕損品原価－仕損品評価額」と計算される。

［解　答］

問１　正常減損が定点で発生し，先入先出法・度外視法を適用する場合

直接材料費，加工費ともに正常減損の発生量を度外視して計算を行う。

• 期末仕掛品

直接材料費：$\dfrac{3{,}120{,}000円}{(1{,}400\text{kg}-500\text{kg})+400\text{kg}}\times 400\text{kg}=960{,}000円$

加工費：$\dfrac{5{,}047{,}920円}{(1{,}400\text{kg}-500\text{kg}\times 0.4)+400\text{kg}\times 0.8}\times 400\text{kg}\times 0.8=1{,}062{,}720円$

期末仕掛品原価：960,000円＋1,062,720円＝2,022,720円

• 完成品

直接材料費：$980{,}000円+\dfrac{3{,}120{,}000円}{(1{,}400\text{kg}-500\text{kg})+400\text{kg}}\times(1{,}400\text{kg}-500\text{kg})$

$=3{,}140{,}000円$

加工費：$630{,}990円+\dfrac{5{,}047{,}920円}{(1{,}400\text{kg}-500\text{kg}\times 0.4)+400\text{kg}\times 0.8}\times(1{,}400\text{kg}-500\text{kg}$

$\times 0.4)=4{,}616{,}190円$

完成品総合原価：3,140,000円＋4,616,190円＝7,756,190円

なお，借方の合計額から期末仕掛品原価を差し引く方法でも解答できる。

完成品総合原価：4,100,000円＋5,678,910円－2,022,720円＝7,756,190円

問2　正常減損が定点で発生し，先入先出法・非度外視法を適用する場合

まず，直接材料費・加工費ともに完成品数量，期末仕掛品数量，および正常減損の発生量にもとづいて分離計算を行う。

• 分離計算－正常減損費負担前期末仕掛品

直接材料費：$\dfrac{3{,}120{,}000円}{(1{,}400kg-500kg)+200kg+400kg}\times 400kg=832{,}000円$

加工費：$\dfrac{5{,}047{,}920円}{(1{,}400kg-500kg\times 0.4)+200kg\times 0.6+400kg\times 0.8}\times 400kg\times 0.8$

$=984{,}960円$

• 分離計算－正常減損費

直接材料費：$\dfrac{3{,}120{,}000円}{(1{,}400kg-500kg)+200kg+400kg}\times 200kg=416{,}000円$

加工費：$\dfrac{5{,}047{,}920円}{(1{,}400kg-500kg\times 0.4)+200kg\times 0.6+400kg\times 0.8}\times 200kg\times 0.6$

$=369{,}360円$

正常減損費：$416{,}000円+369{,}360円=785{,}360円$

• 分離計算－正常減損費負担前完成品

直接材料費：$980{,}000円+\dfrac{3{,}120{,}000円}{(1{,}400kg-500kg)+200kg+400kg}\times(1{,}400kg-500kg)$

$=2{,}852{,}000円$

加工費：$630{,}990円+\dfrac{5{,}047{,}920円}{(1{,}400kg-500kg\times 0.4)+200kg\times 0.6+400kg\times 0.8}$

$\times(1{,}400kg-500kg\times 0.4)=4{,}324{,}590円$

次に，正常減損費の負担計算を行う。本例題では「減損発生点進捗度＜期末仕掛品進捗度」なので，完成品と期末仕掛品の両者が正常減損費を負担する。正常減損費（仕損費）を完成品と期末仕掛品が負担する際には，両者の１単位当たり負担額が等しくなるように負担計算を行うことに注意する。

- **負担計算－正常減損費負担後期末仕掛品**

正常減損費負担後期末仕掛品原価：

$$832{,}000円 + 984{,}960円 + \frac{785{,}360円}{900\text{kg} + 400\text{kg}} \times 400\text{kg} \fallingdotseq 2{,}058{,}609円$$

- **負担計算－正常減損費負担後完成品**

正常減損費負担後完成品原価：

$$4{,}100{,}000円 + 5{,}678{,}910円 - 2{,}058{,}609円 \fallingdotseq 7{,}720{,}301円$$

$$(2{,}852{,}000円 + 4{,}324{,}590円 + \frac{785{,}360円}{900\text{kg} + 400\text{kg}} \times 900\text{kg} \fallingdotseq 7{,}720{,}301円$$ と計算してもよい。)

問3　正常減損が工程を通じて平均的に発生し，先入先出法・非度外視法を適用する場合

減損が工程を通じて平均的に発生する場合には，減損量の加工費分の完成品換算量は減損量に２分の１を乗じて計算することと，正常減損費は加工進捗度を加味して完成品と期末仕掛品とに負担させることに注意する。

まず，直接材料費・加工費ともに完成品数量，期末仕掛品数量，および正常減損の発生量にもとづいて分離計算を行う。なお，先入先出法の場合，仕損・減損は当期着手分からのみ発生しているものと仮定して計算を行う。

- **分離計算－正常減損費負担前期末仕掛品**

直接材料費：$\dfrac{3{,}120{,}000円}{(1{,}400\text{kg} - 500\text{kg}) + 200\text{kg} + 400\text{kg}} \times 400\text{kg} = 832{,}000円$

加工費：$\dfrac{5{,}47{,}920円}{(1{,}400\text{kg} - 500\text{kg} \times 0.4) + 200\text{kg} \times 0.5 + 400\text{kg} \times 0.8} \times 400\text{kg} \times 0.8$

$= 997{,}120円$

- **分離計算－正常減損費**

直接材料費：$\dfrac{3{,}120{,}000円}{(1{,}400\text{kg} - 500\text{kg}) + 200\text{kg} + 400\text{kg}} \times 200\text{kg} = 416{,}000円$

加工費：$\dfrac{5{,}047{,}920円}{(1{,}400\text{kg} - 500\text{kg} \times 0.4) + 200\text{kg} \times 0.5 + 400\text{kg} \times 0.8} \times 200\text{kg} \times 0.5$

$= 311{,}600円$

正常減損費：416,000円＋311,600円＝727,600円

- **分離計算－正常減損費負担前完成品**

$$直接材料費：980{,}000円+\frac{3{,}120{,}000円}{(1{,}400\text{kg}-500\text{kg})+200\text{kg}+400\text{kg}}\times(1{,}400\text{kg}-500\text{kg})=2{,}852{,}000円$$

$$加工費：630{,}990円+\frac{5{,}047{,}920円}{(1{,}400\text{kg}-500\text{kg}\times0.4)+200\text{kg}\times0.5+400\text{kg}\times0.8}\times(1{,}400\text{kg}-500\text{kg}\times0.4)=4{,}370{,}190円$$

次に，正常減損費の負担計算を行う。

- **負担計算－正常減損費負担後期末仕掛品**

正常減損費負担後期末仕掛品原価：

$$832{,}000円+997{,}120円+\frac{727{,}600円}{1{,}200\text{kg}+320\text{kg}}\times320\text{kg}\fallingdotseq1{,}982{,}299円$$

- **負担計算－正常減損費負担後完成品**

正常減損費負担後完成品原価：

4,100,000円＋5,678,910円－1,982,299円≒7,796,611円

（$2{,}852{,}000円+4{,}370{,}190円+\frac{727{,}600円}{1{,}200\text{kg}+320\text{kg}}\times1{,}200\text{kg}\fallingdotseq7{,}796{,}611円$と計算してもよい。）

練習問題 7－2

総合原価計算の度外視法と非度外視法とで計算結果が一致する場合がある。それはどのような場合か簡潔に説明しなさい。

➡ 解答は202ページ

3 工程別総合原価計算

❶ 工程別総合原価計算の意義と種類

工程別総合原価計算とは，複数の作業区分（工程）を経て製品を生産する工場において，製造原価を工程別に集計したうえで，製品原価を計算する場合の総合原価計算の形態である。一般に，工程別総合原価計算は，次のような特徴を有している。

① 総合原価計算における工程は，個別原価計算における製造部門に相当する。したがって，部門別計算を組み合わせた個別原価計算が部門別個別原価計算であるように，部門別計算を組み合わせた総合原価計算の形態が工程別総合原価計算となる。

② 工程（製造部門）は，工場内の製造工程を職制上の責任単位（責任センター）と，作業種類の相違（活動センター）にもとづいて区分・設定される。計算の正確性と有効な原価管理の観点からみて，必要とされる程度に工程を区分すればよい。

③ 工程別総合原価計算において製品原価を計算していく方法には，累加法と非累加法がある。

④ 工程別総合原価計算には，全原価要素について工程別の計算を行う全原価要素工程別総合原価計算と加工費についてのみ工程別計算を行う加工費工程別総合原価計算（加工費法）とがある。加工費法は，加工費に原価管理の重点が置かれるような業界で用いられる。

⑤ 工程別総合原価計算は，製品の種類が1種類の場合ばかりでなく，製品の種類が複数以上ある場合も行われる。

⑥ 前工程から振り替えられた加工対象物に集計された原価（＝工程完成品原価）を前工程費という。前工程費に関する完成費換算量は100％換算で計算する。

⑦ 工程別計算では，先入先出法にもとづくモノの流れを仮定する場合，投入量と産出量のフロー図を次のように描くことができる。

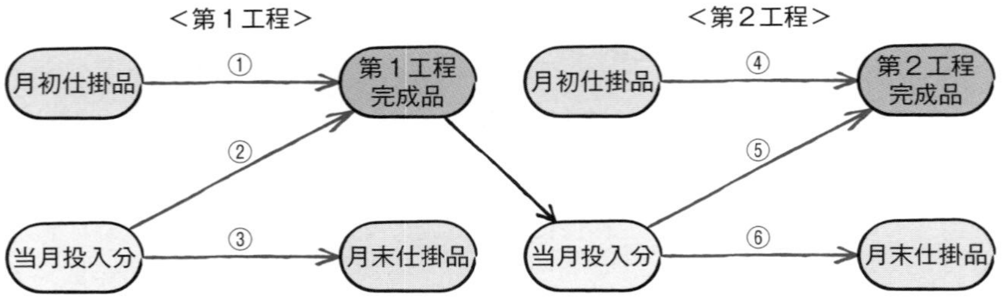

❷ 累加法・非累加法の計算と記帳

① 累加法

累加法とは，工程完成品を次工程に振り替えるにつれ，その原価も次工程に振り替えていく工程別計算の方法である。累加法における勘定連絡図を次のように例示できる。

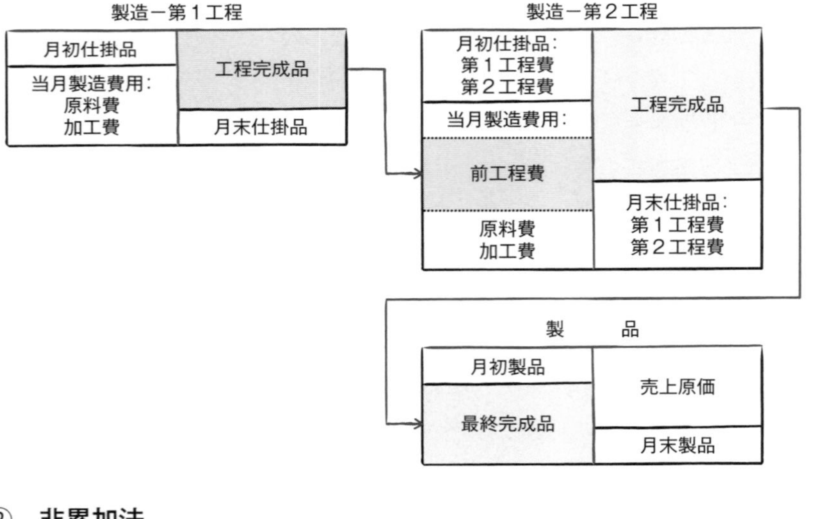

② 非累加法

非累加法とは，工程完成品を次工程に振り替えても，各工程完成品原価を次工程に振り替えずに，工程別の計算結果を維持しつつ，最終的完成品原価の計算を行う工程別計算の方法である。非累加法によると，完成品原価のうち，それぞれの工程で発生した原価がいくらであったかという工程別の原価の内訳情報を知ることができる。非累加法における勘定連絡図を次のように例示できる。

なお，非累加法には，a．計算結果が累加法と一致する非累加法と，b．一致しない非累加法がある。

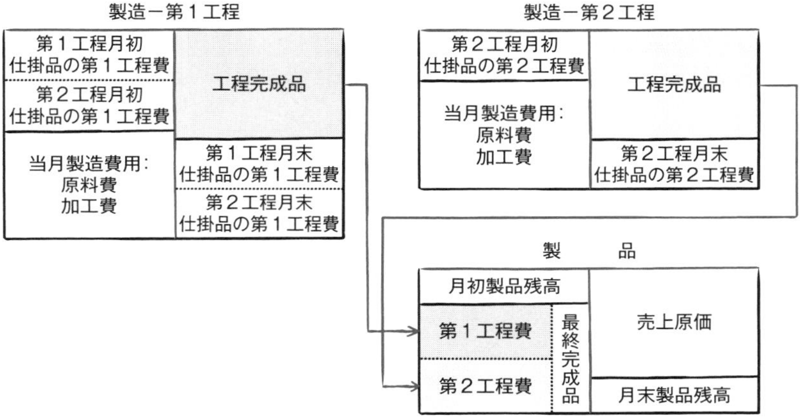

応用word

★累加法と非累加法

工程別計算の方法には，累加法と非累加法とよばれる２つの方法がある。累加法によると，工程完成品を後工程に振り替える手続をとるため，前工程までの生産効率の良否が前工程費（前工程の完了品原価）に含まれてしまう。それに対して，非累加法によれば，最終完成品原価の工程別構成が示されるので，生産効率の良否の判断に役立つなどの長所があるといわれている。

なお，工程間に振り替えられる工程完成品を予定原価または正常原価で計算する場合には，工程完成品の実際原価と予定原価・正常原価とを対比し，その差異が，どの責任者の下で，いかなる原因で発生したのかを明らかにすることが重要である。このような工程間の振替えの際に生じる差異を振替差異という。

例題７－３

当工場は，工程別総合原価計算によって製品原価を計算しており，先入先出法により原価配分を行っている。資料に示す当月の生産実績にもとづいて，(1)累加法による完成品総合原価，(2)非累加法による完成品総合原価とその工程別構成（内訳）（累加法と計算結果が一致する），および(3)非累加法による完成品総合原価とその工程別構成（内訳）（累加法と計算結果が一致しない）を計算しなさい。

［資　料］…………………………………………………………………………

A）生産データ

	第１工程		第２工程	
月初仕掛品	1,950kg	(0.2)	2,000kg	(0.4)
当月投入原料	12,750kg		−	
前工程より受入	−		12,700kg	
計	14,700kg		14,700kg	
月末仕掛品	2,000kg	(0.5)	1,700kg	(0.6)
完了品	12,700kg		13,000kg	

原材料はすべて始点で投入され，（　）内の数値は加工進捗度を示している。

B）原価データ（単位：円）

	第１工程		第２工程	
	原料費	加工費	前工程費	加工費
月初仕掛品原価	750,240	68,640	1,168,000	147,200
当月製造費用	5,304,000	2,342,560	?	2,538,240
計	6,054,240	2,411,200	?	2,685,440

（注）第２工程月初仕掛品前工程費の内訳（原材料880,196円，加工費287,804円）

解答へのアプローチ

工程別総合原価計算を理解するためには，まず問題状況を把握したうえで，投入量と産出量のフローと計算の論理を理解し，それに応じた按分計算を行わなければならない。

本問では先入先出法を用いるため，具体的な数量のフローは，次の図のように示すことができる。

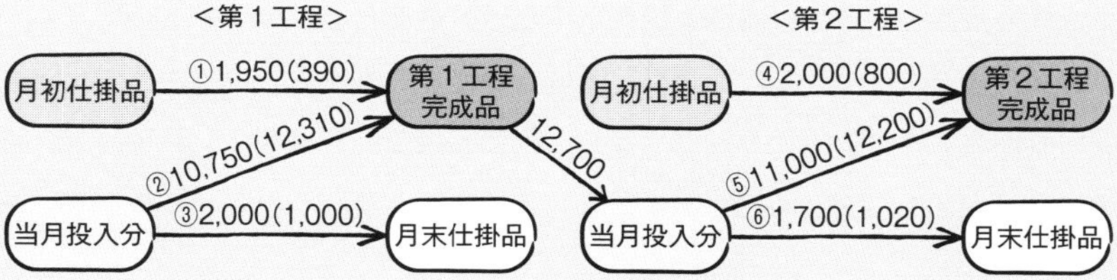

第１工程完成品原価は，①第１工程月初仕掛品の原価＋②第１工程当月着手当月完成分の原価で構成される。前工程費は，後工程においては常に進捗度100％となることに注意する。工程別総合原価計算を理解するには，ワークシートを作成することが有用である。

［解　答］……………………………………………………………………

(1)　**累加法による完成品総合原価**

累加法によるワークシートは，工程別に区切られて作成される。

第１工程	原料費		加工費		合計（円）
	数量（kg）	金額（円）	数量（kg）	金額（円）	
当月投入額	②＋③12,750	5,304,000	②＋③13,310	2,342,560	7,646,560
月末仕掛品	③ 2,000	832,000	③ 1,000	176,000	1,008,000
差引	②10,750	4,472,000	②12,310	2,166,560	6,638,560
月初仕掛品	① 1,950	750,240	① 390	68,640	818,880
第１工程完成品	12,700	5,222,240	12,700	2,235,200	7,457,440
単価					@587.2

第２工程	前工程費		加工費		合計（円）
	数量（kg）	金額（円）	数量（kg）	金額（円）	
当月投入額	⑤＋⑥12,700	7,457,440	⑤＋⑥13,220	2,538,240	9,995,680
月末仕掛品	⑥ 1,700	998,240	⑥ 1,020	195,840	1,194,080
差引	⑤11,000	6,459,200	⑤12,200	2,342,400	8,801,600
月初仕掛品	④ 2,000	1,168,000	④ 800	147,200	1,315,200
最終完成品	13,000	7,627,200	13,000	2,489,600	10,116,800
単価					@778.22

完成品総合原価　10,116,800円

(2) 非累加法による完成品総合原価（累加法と計算結果が一致する）

非累加法では，工程別に完成品となった金額を算出する。累加法と計算結果が一致する方法のワークシートを次のように示すことができる。数量の流れの順序が累加法の場合と同じであることが特徴的である。

	第1工程				第2工程		合計
	原料費		加工費		加工費		
	数量	金額	数量	金額	数量	金額	
当月投入額	②+③ 12,750	5,304,000	②+③ 13,310	2,342,560	⑤+⑥ 13,220	2,538,240	10,184,800
第1工程月末仕掛品	③ 2,000	832,000	③ 1,000	176,000	0	0	1,008,000
差引	②10,750	4,472,000	②12,310	2,166,560	13,220	2,538,240	9,176,800
第1工程月初仕掛品	① 1,950	750,240	① 390	68,640	0	0	818,880
小計	⑤+⑥ 12,700	5,222,240	⑤+⑥ 12,700	2,235,200	⑤+⑥ 13,220	2,538,240	9,995,680
第2工程月末仕掛品	⑥ 1,700	699,040	⑥ 1,700	299,200	⑥ 1,020	195,840	1,194,080
差引	⑤11,000	4,523,200	⑤11,000	1,936,000	⑤12,200	2,342,400	8,801,600
第2工程月初仕掛品	④ 2,000	880,196	④ 2,000	287,804	④ 800	147,200	1,315,200
完成品	13,000	5,403,396	13,000	2,223,804	13,000	2,489,600	10,116,800
単価		@415.65		@171.06		@191.51	@778.22

完成品総合原価　10,116,800円（＝5,403,396円＋2,223,804円＋2,489,600円）

(3) 非累加法による完成品総合原価（累加法と計算結果が一致しない）

累加法と計算結果が一致しない方法のワークシートを次のように示すことができる。数量の流れの順序が累加法の場合とは異なる点に注意する。

	第1工程				第2工程		合計
	原料費		加工費		加工費		
	数量	金額	数量	金額	数量	金額	
当月投入額	②+③ 12,750	5,304,000	②+③ 13,310	2,342,560	⑤+⑥ 13,220	2,538,240	10,184,800
第1工程 月末仕掛品	③ 2,000	832,000	③ 1,000	176,000	0	0	1,008,000
第2工程 月末仕掛品	⑥ 1,700	707,200	⑥ 1,700	299,200	⑥ 1,020	195,840	1,202,240
差引	9,050	3,764,800	10,610	1,867,360	12,200	2,342,400	7,974,560
第1工程 月初仕掛品	① 1,950	750,240	① 390	68,640	0	0	818,880
第2工程 月初仕掛品	④ 2,000	880,196	④ 2,000	287,804	④ 800	147,200	1,315,200
完成品	13,000	5,395,236	13,000	2,223,804	13,000	2,489,600	10,108,640
単価		@415.02		@171.06		@191.51	@777.59

完成品総合原価　10,108,640円（＝5,395,236円＋2,223,804円＋2,489,600円）

❸ 加工費工程別総合原価計算

加工費工程別総合原価計算（加工費法）は，原料費を工程別に計算せず，加工費のみを工程別に計算する方法である。この方法は，伸銅工業や紡績業など，原材料がすべて最初の工程の始点で投入され，その後の工程では，単にこれを加工するに過ぎない場合に適用される。原価管理の中心が「加工費」にある場合に有用な方法である。

4 組別総合原価計算

❶ 組別総合原価計算の意義

組別総合原価計算とは，同じ生産工程において異なる種類の標準製品を量産する工場で採用される総合原価計算である。組別総合原価計算は次のような特徴を有している。

①　組別総合原価計算は，相異なる複数種類の製品（組製品）が連続的に

生産されている状況に適用される。

② 組別総合原価計算では，まず，製造原価を組製品に対して直課できる組直接費と，直課できない組間接費に区分する。「特定の製品種類＝組」の製造に直接的に消費された資源の原価を組直接費といい，そうでない場合の原価を組間接費という。

③ 組直接費（または原料費）は各組に直課し，組間接費（または加工費）は各組に配賦する。そのうえで，組別の当期製造費用と期首仕掛品原価とを，当期における組別の完成品とその期末仕掛品とに分割することにより，当期における組別の完成品総合原価を計算し，これを製品単位に均分して単位原価を計算する。

④ 工程別の計算を行う組別総合原価計算を工程別組別総合原価計算といい，行わないものを単一工程組別総合原価計算という。さらに，前者は，加工費のみを工程別計算する加工費工程別組別総合原価計算と，全原価要素を工程別計算する全原価要素工程別組別総合原価計算に分けられる。

❷ 組別総合原価計算の計算と記帳

組別総合原価計算における勘定連絡図を次のように例示できる。

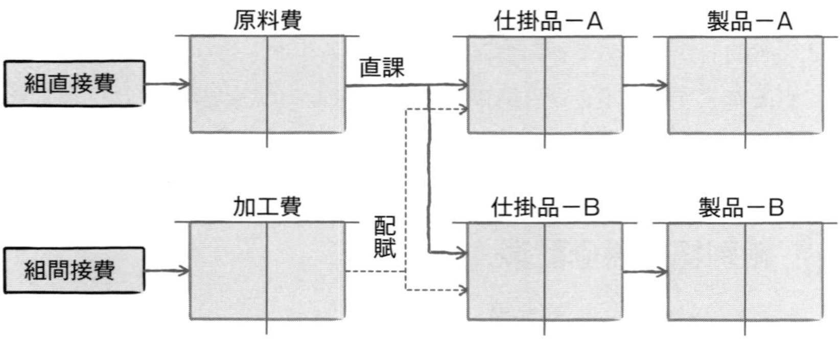

例題７－４

当工場は，２種の異なる製品ＡとＢを生産・販売しており，組別総合原価計算によって製品原価を計算している。平均法により原価配分を行っている。資料に示す当期の生産実績にもとづいて，各製品の期末仕掛品原価および完成品総合原価を計算しなさい。

[資　料]

A）生産データ

	組製品Ａ		組製品Ｂ	
期首仕掛品	300kg	(0.4)	340kg	(0.5)
当期投入原料	2,400kg		3,350kg	
計	2,700kg		3,690kg	
期末仕掛品	250kg	(0.8)	320kg	(0.7)
完成品	2,450kg		3,370kg	

原材料はすべて始点で投入され，（　）内の数値は加工進捗度を示している。

B）原価データ（単位：円）

	組製品Ａ		組製品Ｂ	
	原料費	加工費	原料費	加工費
期首仕掛品原価	1,446,000	182,700	1,943,700	431,556

当期製造費用：
　直接材料費　組製品Ａ　12,000,000　　組製品Ｂ　19,200,000
　直接工賃率　4,800円/時間
　組間接費発生額　3,384,000

C）直接作業時間

　組製品Ａ　1,500時間　　組製品Ｂ　2,100時間

D）組間接費の組製品への配賦は，直接作業時間基準による。

E）材料は工程の始点で投入している。

解答へのアプローチ

まず，当期製造費用を組直接費と組間接費に区分し，組直接費は各組の製品に賦課し，組間接費は適当な配賦基準により各組に配賦する。次いで，組別に当期製造費用と期首仕掛品原価とを，完成品総合原価と期末仕掛品原価とに分割すればよい。

［解　答］

1　**組直接費の直課**

- 組製品Ａ　直接材料費：12,000,000円

  直接労務費：4,800円×1,500時間＝7,200,000円

- 組製品Ｂ　直接材料費：19,200,000円

  直接労務費：4,800円×2,100時間＝10,080,000円

2　**組間接費の配賦**

- 組製品Ａへの配賦額

3,384,000円÷（1,500時間＋2,100時間）×1,500時間＝1,410,000円

- 組製品Ｂへの配賦額

3,384,000円÷（1,500時間＋2,100時間）×2,100時間＝1,974,000円

3　**組製品Ａの配分計算**

- 期末仕掛品

直接材料費：（1,446,000円＋12,000,000円）÷2,700kg×250kg＝1,245,000円

加工費：（182,700円＋7,200,000円＋1,410,000円）÷2,650kg×250kg×0.8
＝663,600円

期末仕掛品原価：1,245,000円＋663,600円＝1,908,600円

- 完成品

完成品総合原価：（1,446,000円＋12,000,000円）＋（182,700円＋7,200,000円
＋1,410,000円）－1,908,600円＝20,330,100円

4　**組製品Ｂの配分計算**

- 期末仕掛品

直接材料費：（1,943,700円＋19,200,000円）÷3,690kg×320kg＝1,833,600円

加工費：（431,556円＋10,080,000円＋1,974,000円）÷3,594kg×320kg×0.7
＝778,176円

期末仕掛品原価：1,833,600円＋778,176円＝2,611,776円

- 完成品

完成品総合原価：（1,943,700円＋19,200,000円）＋（431,556円＋10,080,000円
＋1,974,000円）－2,611,776円＝31,017,480円

5 等級別総合原価計算

❶ 等級別総合原価計算の意義

等級別総合原価計算は，同一工程において同種製品を連続生産するが，それらの製品を形状，大きさ，品位などによって等級別に区別できる場合に適用される総合原価計算である。等級別総合原価計算は次のような特徴を有している。

① 等級別総合原価計算にあっては，各等級製品について適当な等価係数を定める必要がある。製品相互間の製造原価発生額の相違を説明できるような物量的基準が等価係数となる。

② 等価比率とは各製品間の積数の比率を表しており，積数は各等級製品生産量と等価係数の積によって計算される。

③ 等価係数を算定する方法には次の２つがある。

- 重量，長さ，面積，純度等，各等級製品の性質にもとづいて算定する方法（アウトプット（製品）の属性値にもとづく方法）→ 第１法へ
- 標準材料消費量，標準作業時間等，各等級製品の資源利用量にもとづいて算定する方法（インプット（利用資源）の物量数値にもとづく方法）→ 第２法へ

❷ 等級別総合原価計算の計算と記帳

① 第１法

各等級製品の等価係数に生産量を乗じた積数にもとづいて，当原価計算期間の完成品総合原価を一括して各等級製品に按分する。考え方としては単純総合原価計算に近い。第１法を適用する場合には，アウトプットの属性値にもとづいて算定した等価係数を使用する。

- 産出原価（完成品原価のみ）を各製品に按分する方法（１－１）
- 等価係数を用いて数量を統一してから按分する方法（１－２）

② 第2法

各等級製品の等価係数に生産量を乗じた積数にもとづいて，各等級製品の当期製造費用を計算し，各等級製品の製造費用と期首仕掛品原価とを，当期における各等級製品の完成品と期末仕掛品とに按分する。考え方としては組別総合原価計算に近い。第2法を適用する場合には，インプットの物量数値にもとづいて算定した等価係数を使用する。

例題7－5

当社のＭ工場では等級製品ＸとＹを生産・販売し，実際等級別総合原価計算を採用している。次の資料にもとづいて，製品ＸおよびＹの完成品総合原価を計算しなさい。

[資　料]……………………………………………………………………………

A）生産データ

	製品Ｘ		製品Ｙ	
月初仕掛品	700個	(50%)	500個	(60%)
当月投入	5,000個		6,000個	
合計	5,700個		6,500個	
月末仕掛品	1,700個	(20%)	1,300個	(40%)
完成品	4,000個		5,200個	

（　）内は加工進捗度を表す。

B）原価データ

	製品Ｘ	製品Ｙ
月初仕掛品		
原料費	650,000円	575,000円
加工費	857,500円	514,500円
当月製造費用		
原料費	10,492,500円	
加工費	19,488,000円	

C）等価係数

	製品Ｘ	製品Ｙ
原料費	1	0.8
加工費	1	0.7

D）当工場では，完成品総合原価のみに等価比率を使用して，各等級別製品に按分する方法（単純総合原価計算に近い方法）が採用されている。また，完

成品および月末仕掛品の評価は平均法による。なお，原材料はすべて工程の始点で投入される。

解答へのアプローチ

本例題では，単純総合原価計算に近い方法（第１法）のうち，等価係数を用いて数量を統一してから按分する方法（１－２）が採用されている。したがって，製品Ｙの数量に等価係数を乗じて製品Ｘの数量に換算し，すべて製品Ｘにまとめた数量にもとづいて計算する。

［解　答］

1　原料費の計算

	製品X		製品Y		合計(製品X換算)
月初仕掛品	700個	×1	500個	×0.8	1,100個
当月投入	5,000個	×1	6,000個	×0.8	9,800個
合　計	5,700個	×1	6,500個	×0.8	10,900個
月末仕掛品	1,700個	×1	1,300個	×0.8	2,740個
完成品	4,000個	×1	5,200個	×0.8	8,160個

• 月末仕掛品

製品X換算当たり単価：(650,000円＋575,000円＋10,492,500円)÷10,900個

＝1,075円/個

製品X：1,075円/個×1,700個＝1,827,500円

製品Y：1,075円/個×1,300個×0.8＝1,118,000円

• 完成品

製品X：1,075円/個×4,000個＝4,300,000円

製品Y：1,075円/個×5,200個×0.8＝4,472,000円

2　加工費の計算

	製品X		製品Y		合計(製品X換算)
月初仕掛品	350個	×1	300個	×0.7	560個
当月投入	3,990個	×1	5,420個	×0.7	7,784個
合　計	4,340個	×1	5,720個	×0.7	8,344個
月末仕掛品	340個	×1	520個	×0.7	704個
完成品	4,000個	×1	5,200個	×0.7	7,640個

• **期末仕掛品**

製品X換算当たり単価：（857,500円＋514,500円＋19,488,000円）÷8,344個

＝2,500円/個

製品X：2,500円/個×340個＝850,000円

製品Y：2,500円/個×520個×0.7＝910,000円

• **完成品**

製品X：2,500円/個×4,000個＝10,000,000円

製品Y：2,500円/個×5,200個×0.7＝9,100,000円

3　完成品総合原価

• 製品X：4,300,000円＋10,000,000円＝14,300,000円

• 製品Y：4,472,000円＋9,100,000円＝13,572,000円

練習問題 7－3

H製作所では標準製品Fを生産・販売しており，工程別実際総合原価計算を採用している。今月の生産実績は，次のとおりである。

［資　料］

Ⅰ．生産データ（単位：個）

	第1工程		第2工程	
月初仕掛品	20,000	(0.25)	16,000	(0.5)
当月投入原料	80,000		－	
前工程より受入	－		80,000	
計	100,000		96,000	
正常仕損品	－		20	(0.5)
異常仕損品	－		120	(1/3)
月末仕掛品	20,000	(0.75)	12,000	(0.25)
完了品	80,000		83,860	

- 原材料はすべて始点で投入される。
- （　）内の数値は，仕掛品，仕損品の加工進捗度を示している。
- 正常仕損および異常仕損は，すべて当月作業分から生じ，いずれの仕損品にも処分価格はない。

Ⅱ．加工費データ（単位：円）

	第1工程	第2工程
月初仕掛品加工費		
前工程費	－	1,910,175
当工程費	600,000	498,385
当月加工費	11,700,000	5,129,150
合計	12,300,000	7,537,710

これらのデータにもとづき，累加法によって第1工程および第2工程の工程完成品加工費，月末仕掛品加工費，および第2工程については異常仕損品の加工費を計算しなさい。ただし，完成品と月末仕掛品への加工費の配分は修正先入先出法によるものとし，正常仕損費の良品への負担の方法は発生点進捗度にもとづいて判断する。

	第1工程	第2工程
月末仕掛品加工費	円	円
工程完成品加工費	円	円
異常仕損品加工費	－	円

➡ 解答は204ページ

練習問題 7－4

当社の工場では，等級製品ＰとＱを生産・販売しており，実際等級別総合原価計算を実施している。資料にもとづいて，等級製品ＰとＱの完成品原価および月末仕掛品原価を計算し，仕掛品勘定への記入を完成しなさい。

［資　料］

Ⅰ．生産データ

	等級製品Ｐ	等級製品Ｑ
月初仕掛品	960kg　(0.8)	660kg　(0.5)
当月投入原料	15,060kg	
完成品	7,860kg	7,320kg
月末仕掛品	900kg　(0.3)	500kg　(0.44)
正常仕損	－	100kg　(0.2)

原材料はすべて始点で投入され，（　）内の数値は加工進捗度，発生点を示している。

Ⅱ．原価データ

ア）直接材料費

月初仕掛品　等級製品Ｐ　450,288円　等級製品Ｑ　329,472円

当月投入額　7,577,280円

イ）加工費

月初仕掛品　等級製品Ｐ　318,204円　等級製品Ｑ　70,128円

当月投入額　3,943,800円

Ⅲ．等価係数

	製品Ｐ	製品Ｑ
直接材料費	1	1.1
加工費	1	0.8

Ⅳ．当社工場では等級別総合原価計算を適用するにあたり，投入原価を等価係数を用いて等級製品Ｐと等級製品Ｑへ按分した後に，各等級製品別に完成品と月末仕掛品へ原価を配分する方法を採用している。

Ⅴ．正常仕損品の評価額は，3.2円/kg である。

Ⅵ．原価の配分計算には修正先入先出法を用いており，正常仕損費の良品への負担の方法は非度外視法を用いている。

仕掛品－等級製品P

月初仕掛品原価		完成品総合原価	
原料費	(　　　)	原料費	(　　　)
加工費	(　　　)	加工費	(　　　)
計	(　　　)	計	(　　　)
当月製造費用		月末仕掛品原価	
原料費	(　　　)	原料費	(　　　)
加工費	(　　　)	加工費	(　　　)
計	(　　　)	計	(　　　)
合計	(　　　)	合計	(　　　)

仕掛品－等級製品Q

月初仕掛品原価		完成品総合原価	
原料費	(　　　)	原料費	(　　　)
加工費	(　　　)	加工費	(　　　)
計	(　　　)	正常仕損費負担額	(　　　)
当月製造費用		計	(　　　)
原料費	(　　　)	月末仕掛品原価	
加工費	(　　　)	原料費	(　　　)
計	(　　　)	加工費	(　　　)
		正常仕損費負担額	(　　　)
		計	(　　　)
		仕損品評価額	(　　　)
合計	(　　　)	合計	(　　　)

➡ 解答は206ページ

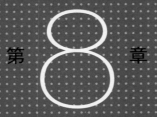

第8章 副産物と連産品の計算

学習のポイント

1．同一工程において同一原料から不可避的に生産される異種の製品について，相互に主副を明確に区別できないものを連産品という。同じく不可避的に生産される異種の製品について，各々の製品の経済的価値が大きく異なる場合，主製品と副産物に区分する。

2．連産品，主製品，副産物，作業屑の分類は，固定的ではなく相対的経済価値の高低による。

3．副産物とは，主製品の製造過程から必然的に派生する物品をいう。副産物の評価は，次のとおりである。

① そのまま外部に売却 → 見積売却価額から営業費等を控除した額

② 加工のうえで売却 → 見積売却額から加工費，営業費等を控除した額

③ そのまま自家消費 → 節約される物品の見積購入額

④ 加工のうえで自家消費 → ③の金額から加工費見積額を控除した額

4．連産品の原価計算では，分離点までの連結原価を適当な基準にもとづいて個々の連産品に按分する。連産品を按分する基準には，物量基準と市価基準がある。

① 物量基準では，重量や生産量など，分離点における連産品に関する何らかの物量尺度を用いて連結原価を按分する（物量法）。

② 市価基準では，分離点における連産品の販売単価に，各連産品の生産量を乗じた積数の比をもって連結原価を按分計算する（市価法）。

1 副産物と連産品の意義

1つの工程から同時に複数の産出物が不可避的に生産されることがある。それらの産出物は別個に生産することができず，その相対的経済価値にもとづいて，連産品，主製品，副産物などに分類することができる。

連産品とは，同一工程において同一原料から不可避的に生産される異種の製品であって，相互に主副を明確に区別できないものをいう。連産品は，精肉業や石油精製業のような業種においてよく見られる。

生産される製品相互間の相対的価値の観点から，企業にとって経済価値の高い製品を**主製品**あるいは**主産物**，低い製品を**副産物**として区別することがある。副産物も主製品を生産する過程で不可避的に生産されるという点では連産品と同様である。したがって，連産品か，主製品か，副産物かの分類は，固定的ではなく相対的経済価値の高低にある。なお，作業屑も不可避的に産出されるアウトプットであるが，その相対的経済価値は極めて低い。

2 副産物等の処理と評価

❶ 副産物等の評価

副産物とは，主産物の製造過程から必然的に派生する物品をいい，主製品ないし主産物に対して経済的価値の低い副次的な製品をいう。

副産物の価額は，その生産時点または販売時点で認識・測定される。また，副産物の価額は原則として主産物の総合原価から控除する。軽微な副産物は，売却して得た収入を原価計算外の収益とすることができる。

副産物の評価は，次のように行われる。

① そのまま外部に売却する場合は，見積売却価額から営業費等を控除した額

② 加工の上で売却なら，見積売却額から加工費，営業費等を控除した額

③ そのまま自家消費する場合は，節約される物品の見積購入額

④ 加工の上で自家消費する場合は，③の金額から加工費見積額を控除した額

なお，作業屑や仕損品等の処理および評価については，副産物に準じて行われる。

❷ 副産物の記帳

副産物の評価額を主製品の総合原価から控除する場合には，その評価額を16,000円とすると次のように仕訳を例示できる。

（借）	副　産　物	16,000	（貸）仕　掛　品	16,000

副産物の評価額は，製造原価から控除されるとともに，副産物勘定（資産）として借方に記入される。

一方，軽微な場合に営業外の当期収益とする場合には，次のように仕訳を例示できる（現金で売却したものとする）。

（借）	現　　金	16,000	（貸）雑　収　入	16,000

3 連産品の原価計算と記帳

❶ 連産品と連結原価

連産品が分離される点を**分離点**といい，分離点までの集計されたコストを**連結原価**ないし**結合原価**という。ここで，連結原価と分離点後の個別費（個別加工費など）とを区分する必要がある。連産品原価の計算においては，連結原価を按分した後に分離点後の個別費を加えたものが，当該連産品の完成品原価となる。

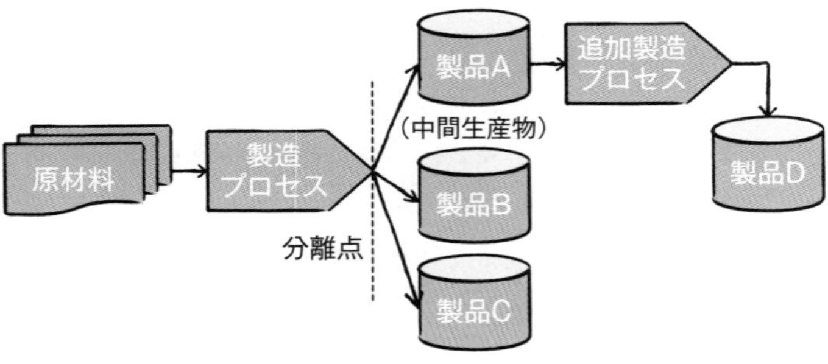

❷ 連産品原価の計算と記帳

連結原価を各連産品に配賦する際の方法に**市価法**と**物量法**がある。市価法とは，連産品の販売単価等の市価基準によって配賦する方法であり，負担能力主義に立脚している。物量法とは，連産品に関する重量や生産量等の何らかの物量基準によって配賦する方法である。

市価法によると，各種連産品の正常市価（分離点後の個別費があれば，正常市価から分離点後の正常個別費を差し引く：純正常市価ないし見積正味実現可能額）にもとづく等価係数を連産品別に設定する。これらの等価係数に各連産品の生産量を乗じた積数の比をもって，連結原価を各連産品に按分する。

なお，連結原価を製品別に按分する必要性は，棚卸資産評価等の財務諸表作成目的によるものであって，短期利益計画や経営意思決定によるものではない。

応用word

★連産品，副産物，および作業屑の価値

1つの工程から複数のアウトプットが同時かつ不可避的に生産される場合，それらは連産品か，主製品か，副産物か，それとも作業屑か。この分類は固定的ではない。それらの相対的売却価値は，次のように示すことができる。

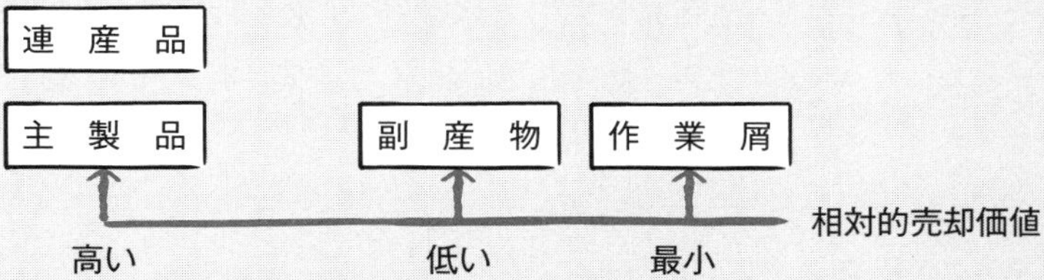

このような相対的価値の相違が，計算方法の相違に反映されることになる。

例題８－１

国立製作所の製造工程では，同一の原料から連産品X，Y，Zが生産されている。資料にもとづいて，各連産品の分離点後の製造原価を計算し，製品別営業利益を計算しなさい。なお，営業利益の計算には正常個別原価および正常販売単価を用いること。

[資　料]…………………………………………………………………………………

Ⅰ．分離点までの実際発生原価

原料費：10,944,000円

加工費：　2,736,000円

Ⅱ．連産品の生産量と正常販売単価・正常個別原価

	生産・販売量	販売単価	分離点後個別加工費	個別販売費
製品X	24,000kg	750円/kg	120円/kg	―
製品Y	8,000kg	975円/kg	51円/kg	―
製品Z	12,000kg	1,200円/kg	186円/kg	90円/kg

Ⅲ．当社では正常市価基準によって連結原価を配分している。

解答へのアプローチ

連結原価と分離点後の個別費（個別加工費）とを区分する。本例題では，個別費には個別加工費と個別販売費があるので，連結原価を按分する際には，純正常市価ないし見積正味実現可能価額にもとづいて等価係数および積数を求めて計算する。

[解　答]…………………………………………………………………………………

- **連結原価の計算**

10,944,000円＋2,736,000円＝13,680,000円

- **純正常市価（配分基準）の計算**

製品X：750円/kg－120円/kg＝630円/kg

製品Y：975円/kg－51円/kg＝924円/kg

製品Z：1,200円/kg－186円/kg－90円/kg＝924円/kg

• **積数の計算**

製品X：630円/kg×24,000kg＝15,120,000円

製品Y：924円/kg×8,000kg＝7,392,000円

製品Z：924円/kg×12,000kg＝11,088,000円

積数合計：15,120,000円＋7,392,000円＋11,088,000円＝33,600,000円

• **連結原価の配分計算**

製品X：13,680,000円×（15,120,000円÷33,600,000円）＝6,156,000円

製品Y：13,680,000円×（7,392,000円÷33,600,000円）＝3,009,600円

製品Z：13,680,000円×（11,088,000円÷33,600,000円）＝4,514,400円

• **製品別の営業利益**

製品X：630円/kg×24,000kg－6,156,000円＝8,964,000円

製品Y：924円/kg×8,000kg－3,009,600円＝4,382,400円

製品Z：924円/kg×12,000kg－4,514,400円＝6,573,600円

練習問題 8－1

当社の工場では，第１工程の始点で原料ＸとＹを投入して，連産品Ａ，Ｂ，Ｃを生産している。第１工程の終点で投入量の５分の１が製品Ａになり，残りの半分ずつが中間生産物Ｂ，Ｃに分離される。第２工程では中間生産物Ｂが加工されて製品Ｂが完成する。第３工程では中間生産物Ｃが加工されて製品Ｃが完成する。資料にもとづいて，問１と問２に答えなさい。

［資　料］

Ⅰ．製品Ａ，Ｂ，Ｃの正常販売価格および正常個別費

	販売単価	正常個別費
製品Ａ	12,000円/kg	－
製品Ｂ	18,700円/kg	3,700円/kg
製品Ｃ	13,400円/kg	4,400円/kg

Ⅱ．当月の原料費および加工費

原料費	原料Ｘ	2,000kg	2,000円/kg	4,000,000円
	原料Ｙ	1,000kg	2,800円/kg	2,800,000円
加工費	第１工程			7,600,000円
	第２工程			4,416,000円
	第３工程			4,816,800円

Ⅲ．第２工程仕掛品および第３工程仕掛品ならびに製品Ａ，Ｂ，Ｃの棚卸高と販売量は次のとおりである。仕掛品の加工進捗度は，月初・月末ともに0.5とする。なお，第１工程および各工程間には月初・月末仕掛品はない。棚卸原価の算定は先入先出法による。

	月初数量	月初前工程費	月初加工費	合計	販売数量	月末数量
第２工程仕掛品	60kg	294,800円	110,800円	405,600円	－	60kg
第３工程仕掛品	20kg	96,000円	44,600円	140,600円	－	260kg
製　品　Ａ	0kg	－	－	0円	600kg	0kg
製　品　Ｂ	160kg	－	－	1,360,240円	?	160kg
製　品　Ｃ	60kg	－	－	551,600円	?	20kg

問1　物量（重量）を基準にした場合，連結原価を連産品A，B，Cに配賦し，次の問いに答えなさい。

(1)　第2工程と第3工程それぞれの完成品総合原価と完成品単位原価を計算しなさい。

(2)　製品A，B，Cそれぞれの売上高，売上原価，売上総利益を計算しなさい。なお，各製品は正常販売価格で販売できると仮定する。

問2　正常市価を基準にした場合，連結原価を連産品A，B，Cに配賦し，次の問いに答えなさい。

(1)　第2工程と第3工程それぞれの完成品総合原価と完成品単位原価を計算しなさい。

(2)　製品A，B，Cそれぞれの売上高，売上原価，売上総利益を計算しなさい。なお，各製品は正常販売価格で販売できると仮定する。

問1

(1)

	完成品総合原価	完成品単位原価
第 2 工 程	円	円/kg
第 3 工 程	円	円/kg

(2)

	製品A	製品B	製品C
売　上　高	円	円	円
売 上 原 価	円	円	円
売上総利益	円	円	円

問2

(1)

	完成品総合原価	完成品単位原価
第 2 工 程	円	円/kg
第 3 工 程	円	円/kg

(2)

	製品A	製品B	製品C
売　上　高	円	円	円
売 上 原 価	円	円	円
売上総利益	円	円	円

➡ 解答は208ページ

第9章 標準原価計算

学習のポイント

1．製品の実際原価を計算する実際原価計算に対して，標準原価をもって製品原価とするのが標準原価計算である。

2．標準原価計算には，原価管理と計算・記帳の簡略化という2つの目的がある。

3．製品単位当たりの標準原価を原価標準という。原価標準は，各費目に関する物量標準と価格標準の積を合計して計算される。

4．原価標準を設定するときには，正常な仕損（減損）発生率も加味される。仕損（減損）発生率を含む原価標準の設定方法には2つの方法がある。第1法では，各費目の物量標準に仕損（減損）発生率を加味する。第2法では，製品単位当たりの正常仕損（減損）費をまとめて加算する。

5．標準原価を勘定機構に組み入れる方法には，シングル・プランとパーシャル・プランがある。シングル・プランでは仕掛品勘定の借方に標準原価を記入し，パーシャル・プランでは実際原価を記入する。実際原価の計算方法の違いによって，通常のパーシャル・プランと修正パーシャル・プランを区別することもできる。

6．標準原価差額の把握方法には，アウトプット法とインプット法がある。アウトプット法では，製品（製造活動のアウトプット）の生産時点で標準原価を計算するのに対して，インプット法では，資源（製造活動のインプット）の投入時点で標準原価を計算する。

7．標準原価差額の発生原因を分析するために，直接材料費，直接労務費，製造間接費についてそれぞれ差異分析を行う。差異分析の計算は，原価標準を上記の第１法によって設定するか，第２法によって設定するかによって異なる。第２法では，正常な仕損（減損）発生率と実際の仕損（減損）発生率のずれを仕損（減損）差異として計算する。

8．複数の材料を配合する場合には，直接材料費の数量差異を歩留差異と配合差異に分けることができる。その計算には，標準配合消費量を使用する方法と加重平均価格を使用する方法がある。

9．標準原価差額の会計処理は，その金額が少額である場合と多額である場合によって異なる。少額の場合は売上原価に賦課し，多額の場合は売上原価と期末棚卸資産に配賦する。

1 標準原価計算の意義と目的

❶ 標準原価計算の意義

標準原価計算では，あらかじめ科学的・統計的な調査にもとづいて設定された資源消費量に，その資源の予定単価（あるいは平均単価）を乗じることによって，製品の標準原価を計算する。この計算によって，重量や時間の単位で示される物量的な標準は金額に変換され，さまざまな角度から集計・比較することができるようになる。

❷ 標準原価計算の目的

標準原価計算の目的は，原価管理と計算・記帳の簡略化の２つである。

第一に，標準原価計算によって，能率の良否を判定するうえでより多くの関係者を巻き込むことができる。実際原価だけが計算されていたとしよう。ある製品の実際原価が，その製品の過去の実際原価より低かったとしても，能率が向上したとは限らない。たまたま安い原料を入手することができただけなのかもしれないからである。このとき，実際原価によって能率の良否がわかるのは，その製品を生産した当事者だけである。標準原価が設定されていれば，それが能率の良否を判定するための基準値となる。能率の良否は，原価差異という形で示される。その原因には当事者でなければわからない部分も残るが，原価差異という結果には，生産に直接携わらない管理者や経営者も関心をもつ。原価管理は，管理者や経営者を巻き込んで進んでいく。

第二に，標準原価によれば，製品ごとの実際資源消費量に関する記録を会計システムのなかに保持する必要がなくなる。標準原価計算は，標準原価を勘定機構に組み入れることで制度としての標準原価計算になる。これを**標準原価計算制度**という。標準原価計算制度においても実際原価は計算されるが，費目別・部門別に集計すればよいのであって，製品別に集計する必要はなくなる。したがって，製品の実際原価を計算するための，製品別の実際材料消費量や実際作業時間といった記録は，生産管理のために測定されることはあっても，会計システムとしては不要になる。

応用word

★標準原価計算制度

製品の標準原価を計算し，これを財務会計の主要帳簿に組み入れ，製品原価の計算と財務会計とが，標準原価をもって有機的に結合する原価計算制度である。

★標準原価計算と財務諸表

標準原価は，真実の原価として，仕掛品，製品等の棚卸資産価額および売上原価の算定の基礎となる。また，標準原価は予算，とくに見積財務諸表の作成に，信頼しうる基礎を提供する。

2 標準原価計算の方法

❶ 標準原価計算の手続

標準原価計算の手続は，次のとおりである。

① 原価標準の算定と指示

② 実際原価の計算

③ 標準原価の計算

④ 標準原価差額の計算

⑤ 標準原価差額の原因分析

⑥ 標準原価差額の会計処理

原価計算期間のなかで①～⑥の手続が進められる。原価計算期間は通常１カ月であるが，①と⑥は半年（あるいは１年）のサイクルで進められることも多い。これを図示すると，図表９－１のような関係になる。

図表９－１　会計期間と標準原価計算のサイクル

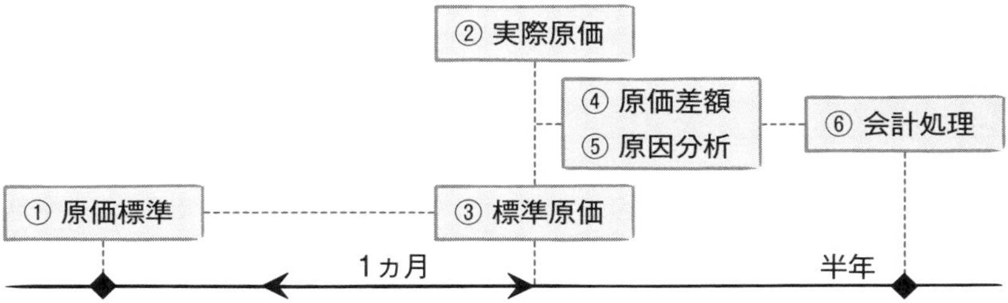

❷ 原価標準の設定

原価標準とは，製品単位当たりの標準原価である。製品原価が直接材料費，直接労務費，製造間接費からなるとき，原価標準は次のように設定される。

	（標準単価）	（標準消費量）	
直接材料費	1,200円/kg	２kg	2,400円
	（標準賃率）	（標準時間）	
直接労務費	1,100円/時間	１時間	1,100円
	（標準配賦率）	（標準時間）	
製造間接費	1,500円/時間	１時間	1,500円
		合計	5,000円

このように，原価標準は，標準的な資源消費量（物量標準）とその資源の標準的な単価（価格標準）を乗じて計算される。製造間接費の単価（標準配賦率）は，製造間接費予算を予定配賦基準量で除して求められる。

原価標準は，消費量の基礎になる能率水準，単価の基礎になる価格水準，配賦基準量の基礎になる操業水準によって決まる。それぞれの水準の考え方の違いによって，原価標準は３つのタイプに分けられる。

	能率水準	価格水準	操業水準
理想標準原価	理想能率	理想価格	実際的生産能力
正常原価	正常能率	正常価格	平均操業度
現実的標準原価	達成可能高能率	当座価格	予算操業度

わが国の「原価計算基準」によれば，制度としての標準原価として認められるのは，正常原価と現実的標準原価であり，理想標準原価は制度としての標準原価ではないとされる。

能率水準の決定においては，仕損や減損の発生も考慮される。ここで正常な仕損が工程終点で10％の割合で発生するとしよう。前ページで示した原価標準には，この正常仕損の発生率（不良率）が考慮されていなかったとする。改めて正常仕損の発生率10％を加味すれば，新しい原価標準は次のようになる（**第１法**とする）。

	（標準単価）	（標準消費量）	
直接材料費	1,200円/kg	2.2kg	2,640円
	（標準賃率）	（標準時間）	
直接労務費	1,100円/時間	1.1時間	1,210円
	（標準配賦率）	（標準時間）	
製造間接費	1,500円/時間	1.1時間	1,650円
		合計	5,500円

この原価標準では，各費目の物量標準が仕損発生率を含んで設定されている。一方，次のように，正常仕損分をまとめて分記する原価標準の設定方法もある（**第２法**とする）。

	（標準単価）	（標準消費量）	
直接材料費	1,200円/kg	2kg	2,400円
	（標準賃率）	（標準時間）	
直接労務費	1,100円/時間	1時間	1,100円
	（標準配賦率）	（標準時間）	
製造間接費	1,500円/時間	1時間	1,500円
			5,000円
正常仕損費			500円
		合計	5,500円

例題９－１

当工場では，製品Ｘについて，次のような原価標準を設定している。

	（標準単価）	（標準消費量）	
直接材料費	200円/g	40g	8,000円
	（標準配賦率）	（標準作業時間）	
加　工　費	350円/時間	10時間	3,500円
		合計	11,500円

この原価標準には，正常減損分が含まれていない。正常減損の発生率は２％である。以下の各問に答えなさい。なお，材料はすべて工程の始点で投入される。

問１　正常減損が工程の終点で発生するものとして，製品Ｘの原価標準を計算しなさい。

問２　正常減損が工程の50％の時点で発生するものとして，製品Ｘの原価標準を計算しなさい。

解答へのアプローチ

正常減損（仕損）が工程の途中で発生する場合は，直接材料費と加工費とで計算方法が異なる。直接材料費については，終点で発生する場合と同様に，正常減損の発生率に応じた金額が加算される。加工費については，正常減損の発生点までにかかる金額を加えるだけでよい。

［解　答］

問１　11,500円×（１＋0.02）＝11,730円

＜第１法による原価標準＞

	（標準単価）	（標準消費量）	
直接材料費	200円/g	40.8g	8,160円
	（標準配賦率）	（標準作業時間）	
加　工　費	350円/時間	10.2時間	3,570円
		合計	11,730円

＜第２法による原価標準＞

	(標準単価)	(標準消費量)	
直接材料費	200円/g	40g	8,000円
	(標準配賦率)	(標準作業時間)	
加　工　費	350円/時間	10時間	3,500円
		小計	11,500円
正常仕損費			230円
		合計	11,730円

問２　8,000円×(１＋0.02)＋3,500円×(１＋0.02×0.5)＝11,695円

＜第１法による原価標準＞

	(標準単価)	(標準消費量)	
直接材料費	200円/g	40.8g	8,160円
	(標準配賦率)	(標準作業時間)	
加　工　費	350円/時間	10.1時間	3,535円
		合計	11,695円

＜第２法による原価標準＞

	(標準単価)	(標準消費量)	
直接材料費	200円/g	40g	8,000円
	(標準配賦率)	(標準作業時間)	
加　工　費	350円/時間	10時間	3,500円
		小計	11,500円
正常仕損費			195円
		合計	11,695円

❸ 標準原価の計算と勘定記入

製品の標準原価は，原価標準に実際生産量を乗じて算定される。上記の例(正常仕損を含めるケース)で，製品の実際生産量が1,200個であれば，その標準原価は，5,500円×1,200個＝6,600,000円となる。

製品の標準原価は仕掛品勘定の貸方，製品勘定の借方に記入される。仕掛品勘定の借方については，標準原価を記入する方法(**シングル・プラン**)と実際原価を記入する方法(**パーシャル・プラン**)がある。通常のパーシャル・プランでは，実際原価を(実際単価×実際消費量)によって計算するが，(標準単価×実際消費量)によって計算する方法もある。これを**修正パーシャ**

図表9－2 標準原価計算の勘定記入

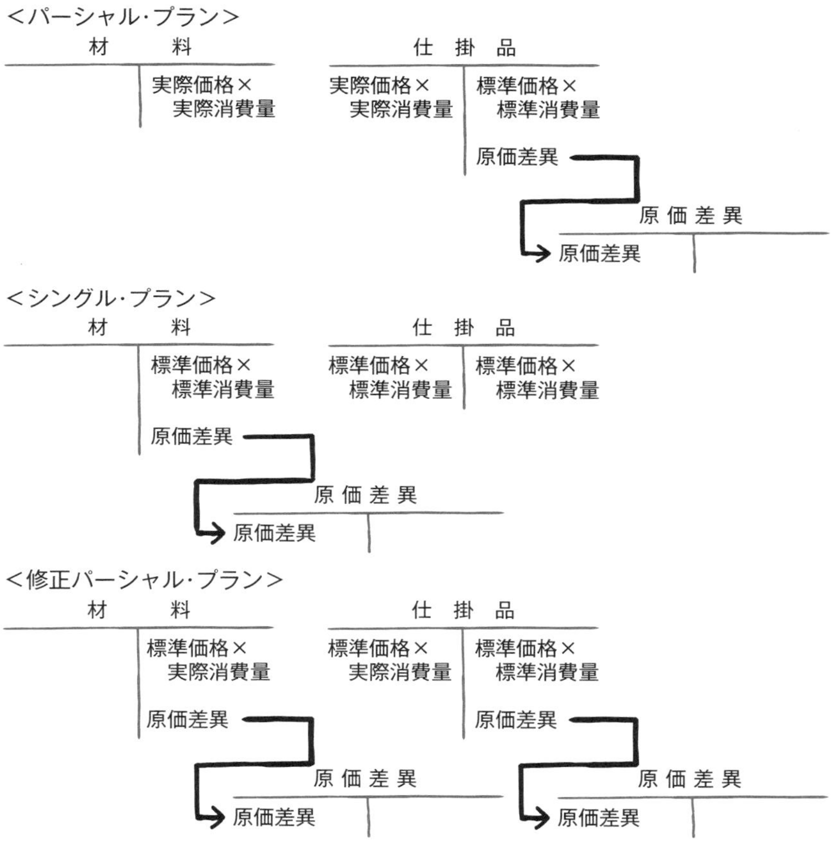

ル・プランという。材料費を例にとると，3つのプランでの勘定記入の違いは，図表9－2のとおりである。

実際原価計算においても，単価には予定価格が使用されることがある。実務では，予定価格と標準価格が区別されないことも多い。したがって，予定価格による実際原価計算を行っている場合は，仕掛品勘定の借方に標準単価（＝予定単価）にもとづく実際原価が記入されたとしても，それは何かの「修正」ではなく，単に実際原価の算出手順が異なるパーシャル・プランであるといえる。

例題9－2

製品Ａを製造する当工場では，標準原価計算を実施している。製品Ａの原価標準は次のとおりであった。

	（標準単価）	（標準消費量）	
直接材料費	800円/kg	2kg	1,600円
	（標準配賦率）	（標準作業時間）	
加　工　費	280円/時間	5時間	1,400円
		合計	3,000円

上記の原価標準には，工程の終点で発生する正常減損分が含まれていない。そこで，新たに正常減損分を含めた原価標準を設定することになった。正常減損率は１％と見込まれている。

生産実績によれば，当月の製品Ａの完成品は800個，月末仕掛品は100個（加工進捗度50％）であった。

以下の各問に答えなさい。

問１　第１法によって原価標準を設定し，完成品と月末仕掛品の標準原価を計算しなさい。

問２　第２法によって原価標準を設定し，完成品と月末仕掛品の標準原価を計算しなさい。

解答へのアプローチ

月末仕掛品の標準原価については，第１法で計算するか，第２法で計算するかによって計算結果が変わってくることに注意しよう。第１法では，正常減損分が月末仕掛品にも含まれることになる。正常減損は工程の終点で発生するため，第７章で学習した考え方によれば，月末仕掛品に正常減損費を負担させるべきではないということになる。ここでもその考え方を踏襲しようとする場合には，第２法によって原価標準を設定しなければならない。

［解　答］

問1

＜第1法による原価標準＞

	（標準単価）	（標準消費量）	
直接材料費	800円/kg	2.02g	1,616円
	（標準配賦率）	（標準作業時間）	
加　工　費	280円/時間	5.05時間	1,414円
		合計	3,030円

完成品の標準原価　3,030円×800個＝2,424,000円

月末仕掛品の標準原価　1,616円×100個＋1,414円×100個×0.5＝232,300円

問2

＜第2法による原価標準＞

	（標準単価）	（標準消費量）	
直接材料費	800円/kg	2kg	1,600円
	（標準配賦率）	（標準作業時間）	
加　工　費	280円/時間	5時間	1,400円
		小計	3,000円
正常減損費			30円
		合計	3,030円

完成品の標準原価　3,030円×800個＝2,424,000円（問1と同じ）

月末仕掛品の標準原価　1,600円×100個＋1,400円×100個×0.5＝230,000円

❹ 標準原価差額の計算と勘定記入

実際原価と標準原価の差額が標準原価差額である。上記の例のように，直接材料費，直接労務費，製造間接費に分かれた原価標準を使用して標準原価を計算するとき，標準原価差額も直接材料費，直接労務費，製造間接費についてそれぞれ計算される。さらなる詳細な標準原価差額の分析については，次節で説明する。

上の❸では，製品の実際生産量をもとに標準原価を計算する方法を説明した。製品の実際生産量は製造活動のアウトプットに相当するため，このような標準原価を実際原価と比較して標準原価差額を把握する方法を**アウトプット法**という。

図表9－3　インプット法による原価差額の把握

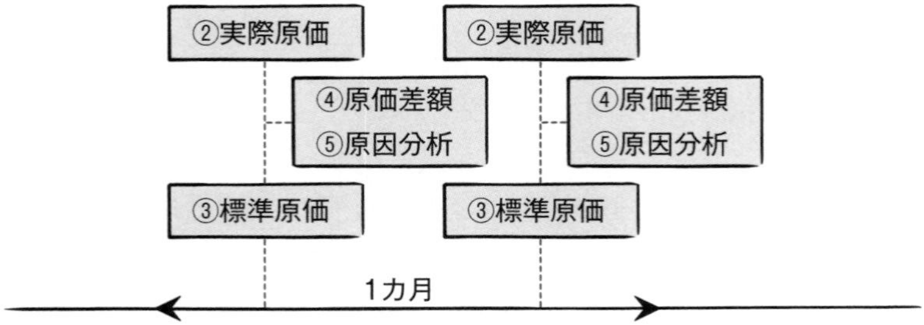

これに対して，製造活動へのインプットの段階で標準原価を計算することもできる。例えば，あるとき製品200個の製造に着手したとする。この時点で，標準直接材料費は2,640円×200個＝528,000円である。実際には450kg の材料が投入されていたとすると，実際原価（標準価格にもとづく）は450kg×1,200円＝540,000円である。標準原価差額が540,000円－528,000円＝12,000円（不利差異）となる。このような標準原価差額の把握方法を**インプット法**という。

図表９－１に示された月次サイクルはアウトプット法を前提として描かれている。インプット法による標準原価計算の月次サイクルは，図表９－３のようになる。

インプット法であれアウトプット法であれ，パーシャル・プランでは，仕掛品勘定にすべての標準原価差額が示される。シングル・プランでは，仕掛品勘定の借方も貸方も標準原価で記入されるため，仕掛品勘定には標準原価差額が示されない。標準原価差額は材料費であれば材料勘定，労務費であれば賃金・給料勘定に示される。修正パーシャル・プランでは，資源消費量に関連する標準原価差額が仕掛品勘定，単価に関連する標準原価差額が材料勘定や賃金・給料勘定に示される。

❺ 直接材料費差異の勘定記入

シングル・プラン（あるいは修正パーシャル・プラン）では，材料勘定から仕掛品勘定への振替に標準単価にもとづく材料消費額が使用される。これに対して，材料購入額を標準単価によって計算する方法もある。この方法に

図表9－4　材料受入価格差異の勘定記入

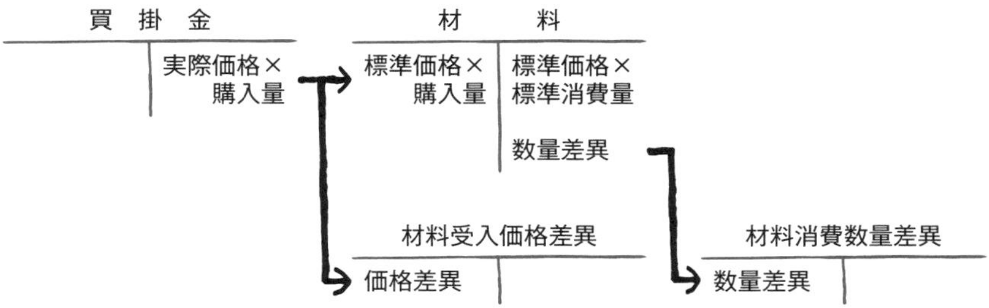

よれば，材料消費価格差異ではなく材料受入価格差異（材料購入価格差異ともよぶ）が計算されることになる。

シングル・プランによる材料受入価格差異の勘定記入は，図表９－４のようになる。

材料の価格差異は，通常，購買部門の責任となる。材料消費価格差異は材料の消費量にもとづいて計算されるため，購買部門の責任を確定させるタイミングが遅くなり，消費量という購買部門にとって管理不能な要因が影響を与えることになる。材料受入価格差異を計算することによって，購買部門の責任を明確にすることができる。

例題９－３

当工場では，製品Ａを生産しており，標準原価計算を実施している。製品Ａの原価標準において，直接材料費標準は標準消費量５kg と標準単価840円/kg から4,200円/個と計算されている。次の⑴～⑹のデータにもとづいて，各問に答えなさい。

⑴　材料500kg を総額425,000円で掛けにて購入した。

⑵　製品 A40個の製造に着手し，そのために必要な材料全量を倉庫から出庫した（倉出請求書を発行した）。

⑶　⑵の製造にあたり，超過材料倉出請求書が発行され，材料10kg を追加で出庫した。

⑷　製品 A50個の製造に着手し，そのために必要な材料全量を倉庫から出庫

した（倉出請求書を発行した）。

(5) (4)の製造にあたり，材料戻入票が発行され，材料4kgを倉庫に戻し入れた。

(6) 製品A90個が完成した。

問1 以下の文章の空欄に適切な数値を記入しなさい。また，不利・有利のいずれかを選び，○を付すこと。

インプット法によれば，材料の投入段階で数量差異を把握する。すなわち，(3)の時点で（ ① ）円の（不利・有利）差異を計算し，(5)の時点で（ ② ）円の（不利・有利）差異を計算する。

問2 材料購入時に標準単価をもって材料勘定に受入記入する方式により，シングル・プランの勘定記入を完成しなさい。

買 掛 金

		材　　　料	（　　　）
		材料受入価格差異	（　　　）

材　　料

買　掛　金	（　　　）	仕　掛　品	（　　　）
		材料消費数量差異	（　　　）

仕 掛 品

材　　　料	（　　　）	製　　　品	（　　　）

問3 以下の文章の空欄に適切な数値を記入しなさい。

アウトプット法では，製造のアウトプット段階で消費数量差異を把握する。すなわち，(3)や(5)の時点では消費数量差異を把握せず，(6)の段階になって製品の実際生産量から材料の標準消費量（　　）kgを計算する。

問4 パーシャル・プランの勘定記入を完成しなさい。

買 掛 金

		材　　　料	（　　　）

材　　料

買　掛　金	（　　　）	仕　掛　品	（　　　）

仕 掛 品

材　　　料	（　　　）	製　　　品	（　　　）
		材料消費価格差異	（　　　）
		材料消費数量差異	（　　　）

問5　材料購入時に標準単価をもって材料勘定に受入記入する方式により，修正パーシャル・プランの勘定記入を完成しなさい。

買　掛　金

	材　　料（　　　　）
	材料受入価格差異（　　　　）

材　　料

買　掛　金（　　　　）	仕　掛　品（　　　　）

仕　掛　品

材　　料（　　　　）	製　　品（　　　　）
	材料消費数量差異（　　　　）

解答へのアプローチ

材料受入価格差異と材料消費数量差異の計算そのものは易しいが，その計算を通じて，インプット法とアウトプット法での計算のタイミングの違い，シングル・プラン，パーシャル・プラン，修正パーシャル・プランでの勘定記入の違いを理解してほしい。

［解　答］

問1

① 10kg×840円/kg＝8,400円（不利差異）

② 4kg×840円/kg＝3,360円（有利差異）

問2

買　掛　金

	材　　料（420,000）
	材料受入価格差異（5,000）

標準単価による受入額　500kg×840円/kg＝420,000円

材料受入価格差異　425,000円－420,000円＝5,000円（不利差異）

材　　料

買　掛　金（420,000）	仕　掛　品（378,000）
	材料消費数量差異（5,040）

材料消費数量差異　8,400円－3,360円＝5,040円（不利差異）

仕掛品

材料	(378,000)	製品	(378,000)

問 3

5 kg×(40個＋50個)＝450kg

問 4

買掛金

		材料	(425,000)

材料

買掛金	(425,000)	仕掛品	(387,600)

仕掛品

材料	(387,600)	製品	(378,000)
		材料消費価格差異	(4,560)
		材料消費数量差異	(5,040)

問 5

買掛金

		材料	(420,000)
		材料受入価格差異	(5,000)

材料

買掛金	(420,000)	仕掛品	(383,040)

仕掛品

材料	(383,040)	製品	(378,000)
		材料消費数量差異	(5,040)

練習問題 9－1

当社の静岡工場では製品Bを製造・販売し，修正パーシャル・プランの標準原価計算を採用している。次の資料にもとづいて，材料勘定，材料受入差異勘定，仕掛品勘定を完成しなさい。

［資　料］

1．製品B1個当たり標準原価

直接材料費　1,200円/kg × 4 kg＝4,800円/個

加　工　費　1,050円/時間 × 2 時間＝2,100円/個

（注）生産に必要な材料はすべて工程始点で投入される。

2．月間加工費予算（公式法変動予算を採用している）

変動加工費　450円/時間　　固定加工費　1,800,000円

加工費の配賦基準は直接作業時間である。基準操業度は自分で計算すること。

3．当月の生産実績

月初仕掛品　200個　(0.5)

当月完成品　1,500個

月末仕掛品　150個　(0.4)

（注）（　）内の数値は進捗度である。仕損品・減損は発生していない。

4．当月の原価実績

(1) 直接材料関係

月初在庫量　1,400kg

当月購入量　6,000kg　実際購入単価　1,240円/kg（すべて掛で購入している）

月末在庫量　1,440kg（棚卸減耗は発生していない）

（注1）材料購入高は材料勘定の借方に標準単価で記入している。

（注2）材料勘定には直接材料のみが記入されている。

(2) 加工費関係

加工費実際発生額　3,224,000円　　実際直接作業時間　2,980時間

（注1）加工費は実際発生額を仕掛品勘定の借方に記入している。

（注2）加工費能率差異は変動費と固定費の両方から計算される。

材　料

月初有高	(　　　)	仕掛品	(　　　)
買掛金	(　　　)	月末有高	(　　　)
	(　　　)		(　　　)

材料受入価格差異

買掛金	(　　　)		

仕掛品

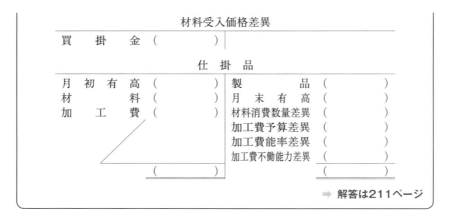

月初有高	(　　　)	製品	(　　　)
材料	(　　　)	月末有高	(　　　)
加工費	(　　　)	材料消費数量差異	(　　　)
		加工費予算差異	(　　　)
		加工費能率差異	(　　　)
		加工費不働能力差異	(　　　)
	(　　　)		(　　　)

➡ 解答は211ページ

3 標準原価差額の原因分析

数値例を用いて，アウトプット法による標準原価差額の計算を説明する。原価標準については，148頁にある第1法と第2法を使用する。

原価の実際発生額は次のとおりであった。

① 生産実績

完成品　1,200個

仕損品　150個

② 原価実績

直接材料費　2,728kg×1,250円/kg＝3,410,000円

直接労務費　1,380時間×1,140円/時間＝1,573,200円

製造間接費　2,285,000円

③ 製造間接費予算（公式法変動予算）

変動費　500円/時間　　固定費　1,500,000円

基準操業度　1,500時間

❶ 直接材料費の差異分析

直接材料費差異は，（直接材料費実際発生額－標準直接材料費）によって計算される。実際発生額は上記のデータ②のとおりである。標準直接材料費

は，（標準価格×標準消費量）によって計算される。

標準価格は，原価標準にあるとおり，1kg当たり1,200円である。価格差異（材料消費価格差異）は次のように計算される。

価格差異＝実際消費量×（実際価格－標準価格）
＝2,728kg×（1,250円/kg－1,200円/kg）＝136,400円（不利差異）

標準消費量は，（1個当たり標準消費量×生産数量）によって計算される。1個当たり標準消費量は，各費目の物量標準に正常仕損率を加味する原価標準（第1法）では2.2kgである。正常仕損費をまとめて加算する原価標準（第2法）では2kgである。

第1法では，次のように標準消費量が計算される。

2.2kg×1,200個＝2,640kg

1個当たり標準消費量（2.2kg）には正常仕損率が加味されている。一方，生産数量（1,200個）は仕損品量を含まない完成品量である。この標準消費量によれば，数量差異は次のように計算される。

数量差異＝（実際消費量－標準消費量）×標準価格
＝（2,728kg－2,640kg）×1,200円/kg＝105,600円（不利差異）

第2法では，次の2つの方法で標準消費量を計算することができる。

A） 2kg×1,320個＝2,640kg
B） 2kg×1,350個＝2,700kg

A）は，完成品量1,200個に正常仕損率10%分の仕損品量120個を加えた1,320個をもとに計算している。第1法の標準消費量と同じになる。B）は，完成品量1,200個に実際の仕損品量150個を加えた1,350個をもとに計算している。

なぜ仕損品量は120個でなく150個であったのか。生産計画として1,200個を生産する予定であったとしよう。正常仕損率10%を見込んで，1,320個の生産に着手したはずである。しかし，途中で仕損率が見込みよりも高いことがわかり，追加で30個の生産に着手したのではないか。この30個は標準的な

図表9－5　直接材料費の差異分析

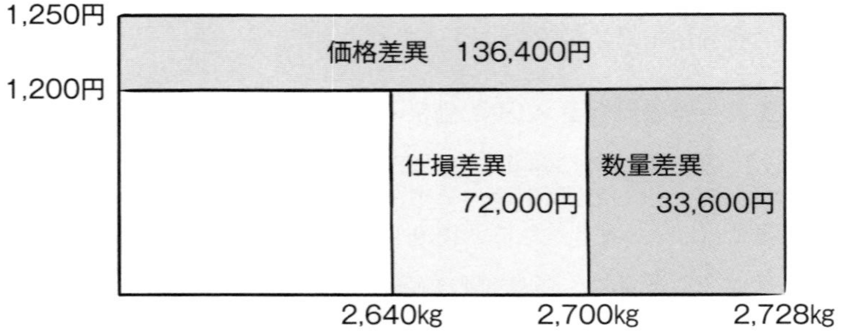

仕損率と実際の仕損率の差である。これをもとに**仕損差異**が計算される（なお，正常仕損率を上回る仕損品の発生は異常であるとして，仕損差異を**異常仕損費**とよぶこともある）。

第２法では，次のように数量差異と仕損差異を分けて計算することができる。

数量差異：(2,728kg－2,700kg)×1,200円/kg ＝33,600円（不利差異）

仕損差異：(2,700kg－2,640kg)×1,200円/kg ＝72,000円（不利差異）

第２法による直接材料費の差異分析は，図表９－５のように整理することができる（価格差異は第１法でも第２法でも同じである）。

❷ 直接労務費の差異分析

直接労務費差異は，（直接労務費実際発生額－標準直接労務費）によって計算される。実際発生額は上記のデータ②のとおりである。標準直接労務費は，（標準賃率×標準作業時間）によって計算される。

標準賃率は，原価標準にあるとおり，１時間当たり1,100円である。賃率差異は次のように計算される。

賃率差異＝実際作業時間×(実際賃率－標準賃率)
＝1,380時間×(1,140円/時間－1,100円/時間)
＝55,200円（不利差異）

標準作業時間は，（1個当たり標準作業時間×生産数量）によって計算される。直接材料費と同様に，1個当たり標準作業時間は，第1法では1.1時間，第2法では1時間である。

第1法では，次のように標準作業時間と時間差異が計算される。

標準作業時間　1.1時間×1,200個＝1,320時間
時間差異＝(実際作業時間－標準作業時間)×標準賃率
　　　　　＝(1,380時間－1,320時間)×1,100円/時間＝66,000円（不利差異）

第2法では，次の2つの方法で標準作業時間を計算することができる。

A）1時間×1,320個＝1,320時間
B）1時間×1,350個＝1,350時間

直接材料費と同様に，A）は正常仕損率10％分の仕損品量，B）は実際の仕損品量をもとに計算している。A）とB）の差は，仕損差異である。

時間差異：(1,380時間－1,350時間)×1,100円/時間＝33,000円（不利差異）
仕損差異：(1,350時間－1,320時間)×1,100円/時間＝33,000円（不利差異）

第2法による直接労務費の差異分析は，図表9－6のように整理することができる（賃率差異は第1法でも第2法でも同じである)。

作業時間は，個数を単位とする生産数量とは関係なく，材料の投入量（kg

図表9－6　直接労務費の差異分析

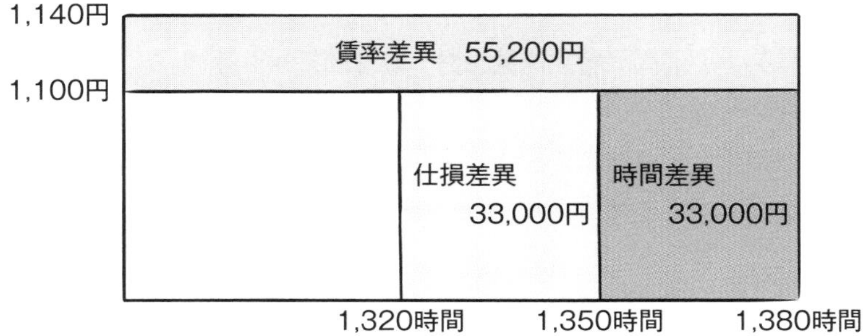

単位）によって影響を受けることも考えられる。原価標準によれば，２kgの材料投入に対して１時間の作業時間を必要とする（第１法でも割合は同じである）。このとき，次のような標準作業時間を計算することもできる。

Ｃ）2,728kg×（１時間÷２kg）＝1,364時間

Ｂ）とＣ）の差は，材料の消費能率（＝歩留）の違いによるものである。これをもとに**歩留差異**を計算することができる（第１法ではＢ）が計算されないためＡ）とＣ）の差をもとに計算する）。Ｃ）と実際作業時間との差が，材料消費能率の影響を排除して，純粋な作業能率を示す時間差異である。

第１法　歩留差異：(1,364時間－1,320時間)×1,100円/時間
＝48,400円（不利差異）

第２法　歩留差異：(1,364時間－1,350時間)×1,100円/時間
＝15,400円（不利差異）

時間差異：(1,380時間－1,364時間)×1,100円/時間＝17,600円（不利差異）

❸ 製造間接費の差異分析

製造間接費差異は，（製造間接費実際発生額－標準製造間接費）によって計算される。製造間接費差異は，予算差異，能率差異，不働能力差異（あるいは操業度差異）に分けられる。能率差異は変動費部分と固定費部分を分けて計算することもあるが，以下では，変動費と固定費の両方から計算するものとして説明する。予算差異，能率差異，不働能力差異は，次のように計算される。

予算差異＝製造間接費実際発生額－製造間接費予算額
不働能力差異
＝標準固定製造間接費配賦率×(基準操業度－実際作業時間)
能率差異＝標準配賦率×(実際作業時間－標準作業時間)

変動予算を用いるとすると，製造間接費予算は次のように計算される。

製造間接費予算：500円/時間×1,380時間＋1,500,000円＝2,190,000円

図表9－7　製造間接費の差異分析

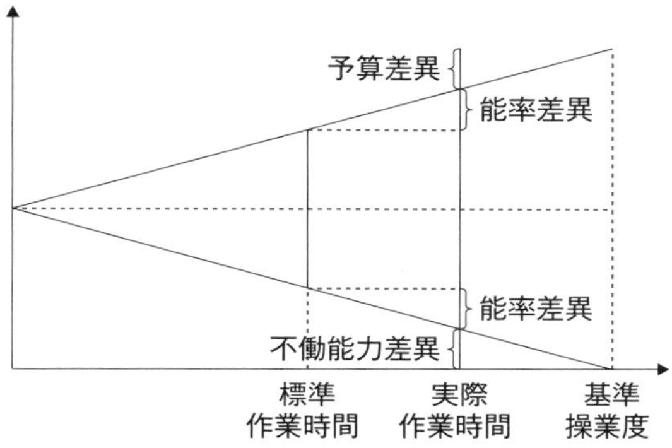

計算式にそれぞれ適切な金額と時間を当てはめると，３つの差異は次のように計算される。

予算差異：2,285,000円－2,190,000円＝95,000円（不利差異）
不働能力差異：1,000円/時間×(1,500時間－1,380時間)
＝120,000円（不利差異）
能率差異：1,500円/時間×(1,380時間－1,320時間)＝90,000円（不利差異）

３つの差異の関係をグラフに示すと，図表９－７のようになる。

能率差異の計算にあたっては，直接労務費と同様に，標準作業時間を２通りに計算することもできる。１つは，完成品量と正常仕損量にもとづく標準作業時間（1,320時間）である。もう１つは，完成品量と実際仕損品量にもとづく標準作業時間（1,350時間）である。２つの標準作業時間から仕損差異が計算される。

仕損差異：(1,350時間－1,320時間)×1,500円/時間＝45,000円（不利差異）

後者の標準作業時間（1,350時間）と実際作業時間（1,380時間）との差から，仕損品量の影響を排除した能率差異を計算することができる。

能率差異：(1,380時間－1,350時間)×1,500円/時間＝45,000円（不利差異）

練習問題 9-2

東京工業の新宿工場では，製品Cを製造し，パーシャル・プランによる標準原価計算を採用している。以下の資料にもとづいて，後の各問に答えなさい。

［資　料］

1．製品Cの標準原価カード

	（標準価格）	（標準消費量）	
直接材料費	5円/g	80g	400円
	（標準賃率）	（標準直接作業時間）	
直接労務費	20円/分	10分	200円
	（標準配賦率）	（標準機械稼働時間）	
製造間接費	13円/分	50分	650円
		合計	1,250円

（注）　減損分は加味されていない。標準的な減損率は完成した良品に対して4％である。

2．生産データ

月初仕掛品	300個	(0.6)
当月投入	2,820個	
計	3,120個	
月末仕掛品	200個	(0.5)
正常減損	120個	
当月完成品	2,800個	

（注1）（　）内の数値は加工進捗度である。

（注2）　材料は工程の始点で投入している。

（注3）　正常減損は工程の終点で発生している。

3．原価データ

(1)　製造間接費月次予算

変動製造間接費　　?　円/分　　固定製造間接費　1,200,000円

正常機械稼働時間　150,000分

公式法変動予算を採用している。

(2)　当月の原価実績

直接材料費　1,220,900円（直接材料実際消費量　234,800g）

直接労務費　　593,800円（実際直接作業時間　28,280分）

製造間接費　1,920,100円（実際機械稼働時間　146,500分）

問1　標準原価カードにおける各費目の標準投入量をそれぞれ４％ずつ増やす方法にもとづいて，仕掛品勘定および差異分析表を作成しなさい。

仕　掛　品

月　初　有　高	(　　　　)	当月完成高	(　　　　)
直接材料費	(　　　　)	月　末　有　高	(　　　　)
直接労務費	(　　　　)	原　価　差　異	(　　　　)
製造間接費	(　　　　)		
	(　　　　)		(　　　　)

〔差異分析表〕

直接材料費	価格差異	円（　）	数量差異	円（　）
直接労務費	賃率差異	円（　）	時間差異	円（　）
製造間接費	予算差異	円（　）	変動費能率差異	円（　）
	固定費能率差異	円（　）	不働能力差異	円（　）

（注）（　）内には有利差異であれば「有」，不利差異であれば「不」を記入すること。

問2　製品C１個当たりの標準原価合計額にその４％を加える方法にもとづいて，仕掛品勘定および差異分析表を作成しなさい。なお，製造間接費の仕損差異は標準配賦率をもとに計算される（変動費と固定費を区別しない）。

仕　掛　品

月　初　有　高	(　　　　)	当月完成高	(　　　　)
直接材料費	(　　　　)	月　末　有　高	(　　　　)
直接労務費	(　　　　)	原　価　差　異	(　　　　)
製造間接費	(　　　　)		
	(　　　　)		(　　　　)

〔差異分析表〕

直接材料費	価格差異	円（　）	数量差異	円（　）
	減損差異	円（　）		
直接労務費	賃率差異	円（　）	時間差異	円（　）
	減損差異	円（　）		
製造間接費	予算差異	円（　）	変動費能率差異	円（　）
	固定費能率差異	円（　）	減損差異	円（　）
	不働能力差異	円（　）		

（注）（　）内には有利差異であれば「有」，不利差異であれば「不」を記入すること。

➡ 解答は213ページ

❹ 複数の材料の配合があるケース

147頁の原価標準によれば，2kgの製品を生産するために，2.2kgの材料が投入される。ここで，材料にはX，Y，Zの3種類があるとしよう。その標準配合割合と標準価格は次のとおりである。

X	1.0kg	1,120円/kg	1,120円
Y	0.8kg	1,150円/kg	920円
Z	0.4kg	1,500円/kg	600円
合計	2.2kg		2,640円

各材料の実際消費量と実際価格は，次のとおりであった。

X	1,270kg	1,140円/kg
Y	938kg	1,165円/kg
Z	520kg	1,475円/kg
合計	2,728kg	

以下の説明では，第1法の原価標準を想定する。各材料の標準消費量は，次のように計算される。

X　1.0kg × 1,200個 = 1,200kg

Y　0.8kg × 1,200個 = 960kg

Z　0.4kg × 1,200個 = 480kg

材料の種類が単一のときと同様に，標準消費量と実際消費量の差に標準価格を乗じれば数量差異が計算される。しかし，複数種類の材料を使用するときは，材料の配合も問題になる。ここで，実際消費量の合計2,728kgに対して標準の配合割合を守ったと仮定した消費量（これを**標準配合消費量**とする）を計算しよう。

X　2,728kg × (1.0kg/2.2kg) = 1,240kg

Y　2,728kg × (0.8kg/2.2kg) = 992kg

Z　2,728kg × (0.4kg/2.2kg) = 496kg

標準配合消費量によって，各材料の数量差異は，配合差異と歩留差異に区分することができる。材料Xの配合差異と歩留差異は次のようになる。

配合差異：(1,270kg − 1,240kg) × 1,120円/kg = 33,600円（不利差異）

図表9－8　標準配合消費量を使用した差異分析

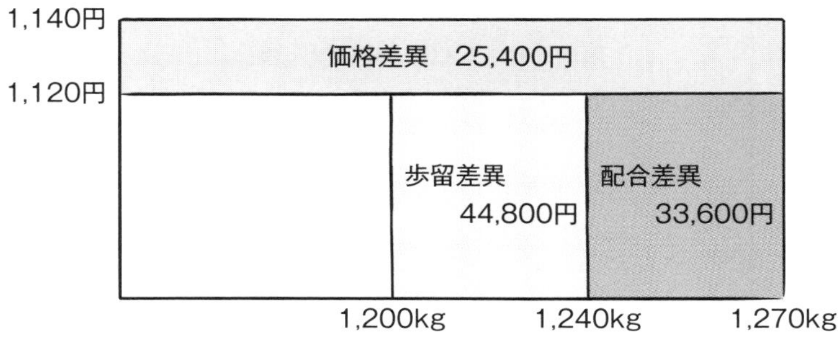

歩留差異：(1,240kg－1,200kg)×1,120円/kg ＝44,800円（不利差異）

標準配合消費量を使用したX直接材料費の差異分析は，図表9－8のように整理することができる。

以上の計算では，物理的な材料の配合割合を問題にしていた。一方で，X・Y・Zには材料の性質にはほとんど差がないが，調達先の違いなどで価格の差が生じる場合を考えよう。できるだけ価格の安いXとYを購入したいが，調達先の能力に限界があることから，Zも購入する。Zは価格が高い代わりに，納期は早く，緊急の注文にも対応できる。

この場合は，物理的な配合割合は問題にならないため，上述の標準配合消費量を計算してもあまり意味がない。問題は価格の高い材料であるか，低い材料であるかの違いである。そこで，**加重平均価格**を計算して，それよりも高いか，低いかによって配合差異を計算する方法が考えられる。加重平均価格は次のように計算される。

加重平均価格＝合計の標準価格÷合計の標準消費量

1,200円＝2,640円÷2.2kg

材料Zの配合差異と歩留差異は次のように計算される。

配合差異：(1,500円－1,200円)×(520kg－480kg)＝12,000円（不利差異）

歩留差異：1,200円×(520kg－480kg)＝48,000円（不利差異）

図表9－9　加重平均価格を使用した差異分析

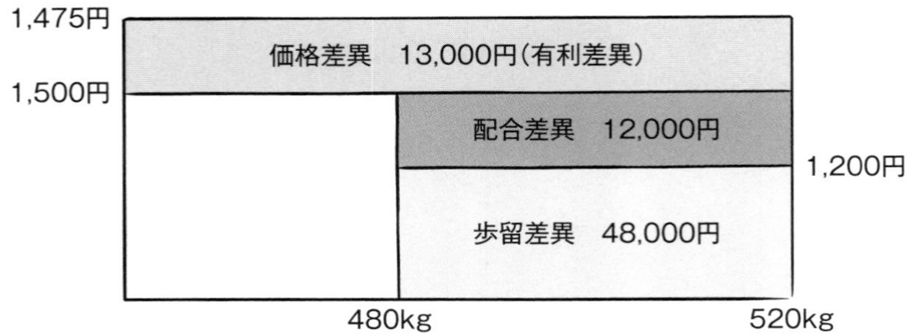

当月は材料Ｚの実際消費量が多くなっている。緊急の製品注文が入ったために，材料Ｘ・Ｙの調達では間に合わず，材料Ｚの調達を増やさざるをえなかったのかもしれない。生産計画に従って材料の調達がスケジューリングされていれば，このような事態は避けられたかもしれない。そのためには，製品注文を獲得する営業部門と生産部門の密接な連携が欠かせない。

加重平均価格を使用したＺ直接材料費の差異分析は，図表９－９のように整理することができる。

例題9－4

当工場では製品Ａを製造し，パーシャル・プランによる標準原価計算制度を採用している。以下に示す当工場の資料にもとづき，原料消費量差異分析表（甲表および乙表）を作成しなさい。なお，各表の（　）内には，借方差異であれば「借」，貸方差異であれば「貸」と記入すること。

［資　料］

(1)　製品Ａ8kgを製造するのに必要な各原料の標準消費量および標準単価は，次のとおりである。

X	3kg	120円/kg
Y	5kg	100円/kg
Z	2kg	90円/kg
計	10kg	

(2) 各原料の月初在庫量，当月購入量，当月消費量および月末在庫量は，次のとおりであった。

原　料	月初在庫量	当月購入量	当月消費量	月末在庫量
X	400kg	12,600kg	11,900kg	1,100kg
Y	1,000kg	21,500kg	22,000kg	500kg
Z	500kg	7,800kg	8,100kg	200kg

(3) 当月の製品Aの実際生産量は32,000kgであった。月初仕掛品および月末仕掛品はなかった。

原料消費量差異分析表（甲表）

原　料	原料配合差異	原料歩留差異
X	84,000円（ 貸 ）	円（　　）
Y	100,000円（ 借 ）	円（　　）
Z	円（　　）	円（　　）
合　計	円（　　）	円（　　）

原料消費量差異分析表（乙表）

原　料	原料配合差異	原料歩留差異
X	1,600円（ 貸 ）	円（　　）
Y	8,000円（ 貸 ）	円（　　）
Z	円（　　）	円（　　）
合　計	円（　　）	円（　　）

解答へのアプローチ

配合差異と歩留差異を計算する方法は２通りあるが，問題文にはその指示がない。そこで，甲表と乙表にすでに記入されている金額（原料ＸとＹの配合差異）から推定する。甲表が標準配合消費量を使用する方法，乙表が加重平均単価を使用する方法である。

[解　答]

原料消費量差異分析表（甲表）

原　料	原料配合差異	原料歩留差異
X	84,000円（ 貸 ）	72,000円（ 借 ）
Y	100,000円（ 借 ）	100,000円（ 借 ）
Z	27,000円（ 貸 ）	36,000円（ 借 ）
合　計	11,000円（ 貸 ）	208,000円（ 借 ）

原料消費量差異分析表（乙表）

原　料	原料配合差異	原料歩留差異
X	1,600円（ 貸 ）	10,400円（ 貸 ）
Y	8,000円（ 貸 ）	208,000円（ 借 ）
Z	1,400円（ 貸 ）	10,400円（ 借 ）
合　計	11,000円（ 貸 ）	208,000円（ 借 ）

(1)　標準配合消費量

合計消費量　11,900kg＋22,000kg＋8,100kg＝42,000kg

X　42,000kg×（3/10）＝12,600kg

Y　42,000kg×（5/10）＝21,000kg

Z　42,000kg×（2/10）＝8,400kg

(2)　配合差異

X　（11,900kg－12,600kg）×120円/kg＝－84,000円（貸）

Y　（22,000kg－21,000kg）×100円/kg＝100,000円（借）

Z　（8,100kg－8,400kg）×90円/kg＝－27,000円（貸）

(3)　標準消費量

X　32,000kg×（3/8）＝12,000kg

Y　32,000kg×（5/8）＝20,000kg

Z　32,000kg×（2/8）＝8,000kg

(4)　歩留差異

X　（12,600kg－12,000kg）×120円/kg＝72,000円（借）

Y　（21,000kg－20,000kg）×100円/kg＝100,000円（借）

Z　（8,400kg－8,000kg）×90円/kg＝36,000円（借）

(5) 加重平均単価

120円×3/10＋100円×5/10＋90円×2/10＝104円/kg

(6) 加重平均単価を使用した配合差異

X (11,900kg－12,000kg)×(120円/kg－@104円)＝－1,600円（貸）

Y (22,000kg－20,000kg)×(100円/kg－@104円)＝－8,000円（貸）

Z (8,100kg－8,000kg)×(90円/kg－@104円)＝－1,400円（貸）

(7) 加重平均単価を使用した歩留差異

X (11,900kg－12,000kg)×104円/kg ＝－10,400円（貸）

Y (22,000kg－20,000kg)×104円/kg ＝208,000円（借）

Z (8,100kg－8,000kg)×104円/kg ＝10,400円（借）

例題9－5

当工場では，製品Aを生産し，標準原価計算を実施している。製造間接費の配賦基準は直接作業時間である。以下のデータにもとづいて，製造間接費差異を予算差異，能率差異，歩留差異，不働能力差異に分析しなさい。なお，能率差異と歩留差異は変動費と固定費の両方からなる。

(1) 12kgの原料を製品A10kgに加工するためにかかる標準製造間接費

500円/時間×3時間＝1,500円

(2) 製造間接費予算

変動費 200円/時間　　固定費 2,400,000円　　基準操業度 8,000時間

(3) 製品A実際生産量　24,000kg

(4) 原料実際消費量　　30,240kg

(5) 実際直接作業時間　7,660時間

(6) 製造間接費実際発生額　3,985,000円

解答へのアプローチ

歩留差異は次の計算式によって計算する。

歩留差異＝(原料実際消費量に対する標準作業時間－製品実際生産量に対する標準作業時間)×標準配賦率

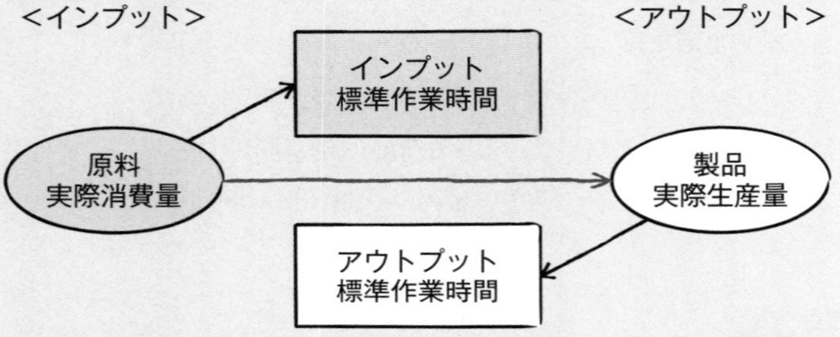

［解　答］

(1) 予算差異

3,985,000円－(200円/時間×7,660時間＋2,400,000円)＝53,000円（不利差異）

(2) 原料実際消費量に対する標準直接作業時間

30,240kg×(10kg/12kg)×0.3時間＝7,560時間

(3) 能率差異

500円/時間×(7,660時間－7,560時間)＝50,000円（不利差異）

(4) 製品A実際生産量に対する標準直接作業時間

24,000kg×0.3時間＝7,200時間

(5) 歩留差異

500円/時間×(7,560時間－7,200時間)＝180,000円（不利差異）

(6) 不働能力差異

固定費率　2,400,000円÷8,000時間＝300円

300円/時間×(8,000時間－7,660時間)＝102,000円（不利差異）

4 標準原価差額の会計処理

標準原価差額は，会計期末において，期間損益に算入したり，期末棚卸資産に含めて繰り越したりする。これを標準原価差額の会計処理という。会計処理の方法は，標準原価差額の金額が多い場合と少ない場合によって異なる。

標準原価差額が少額である場合には，売上原価に賦課する。不利差異は売上原価に加算し，有利差異は減算する。異常な状態にもとづく標準原価差異は非原価項目として処理する。

標準原価差額が多額である場合には，売上原価と期末棚卸資産（仕掛品や製品）に配賦する。

なお，材料受入価格差異だけは，多額か少額かにかかわらず，材料の払出高と期末有高に配賦する。材料受入価格差異は，材料の購入時点で把握するため，その材料を消費してもしなくても計上される。消費されなかった材料の受入価格差異が，売上原価に算入されるのを避けるためである。

例題9－6

当社では，当期から製品Ａの製造・販売を開始した。シングル・プランの標準原価計算を採用している。また，材料は購入時に標準単価をもって受け入れている。直接材料費に関する以下のデータにもとづいて，材料受入価格差異と材料消費数量差異の勘定を完成しなさい。

⑴　製品Ａの直接材料費原価標準

6kg×750円/kg＝4,500円

（注）　材料は工程の始点で投入される。

⑵　実際データ

実際購入単価	実際購入量	実際消費量	期末在庫量
780円/kg	20,800kg	19,200kg	1,600kg

(3) 生産・販売データ

当期投入	2,800個	
期末仕掛品	200	(0.5)
当期完成品	2,600	
期末製品	150	
当期販売品	2,450個	

(4) 材料受入価格差異は，期末に払出高と棚卸資産期末有高に材料の数量をベースに配分する。

(5) 材料消費数量差異は多額であるため，期末に棚卸資産期末有高と売上原価に数量をベースに配分する。

(6) 解答に端数が生じた場合は，円未満を四捨五入すること。

材料受入価格差異

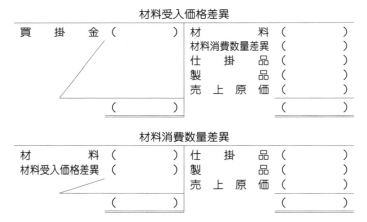

買掛金	(　　　)	材料	(　　　)
		材料消費数量差異	(　　　)
		仕掛品	(　　　)
		製品	(　　　)
		売上原価	(　　　)
	(　　　)		(　　　)

材料消費数量差異

材料	(　　　)	仕掛品	(　　　)
材料受入価格差異	(　　　)	製品	(　　　)
		売上原価	(　　　)
	(　　　)		(　　　)

解答へのアプローチ

配分の流れは下図のようになる。

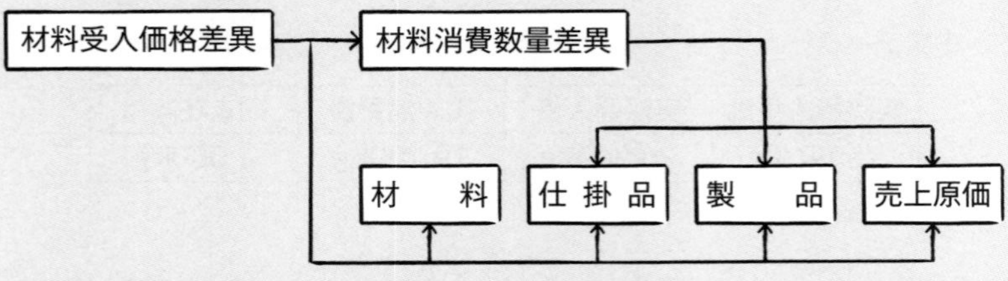

材料受入価格差異を先に配賦する。材料消費数量差異は，材料受入価格差異の配分額を加えて，期末棚卸資産と売上原価に配分する。

［解　答］

材料受入価格差異

買掛金	（ 624,000）	材料	（ 48,000）
		材料消費数量差異	（ 72,000）
		仕掛品	（ 36,000）
		製品	（ 27,000）
		売上原価	（ 441,000）
	（ 624,000）		（ 624,000）

材料消費数量差異

材料	（ 1,800,000）	仕掛品	（ 133,714）
材料受入価格差異	（ 72,000）	製品	（ 100,286）
		売上原価	（ 1,638,000）
	（ 1,872,000）		（ 1,872,000）

材料受入価格差異：20,800kg×（780円/kg－750円/kg）＝624,000円（借方差異）

材料消費数量差異：（19,200kg－6kg×2,800個）×750円

＝1,800,000円（借方差異）

(1)　材料受入価格差異

期末材料への配分額：624,000円×（1,600kg/20,800kg）＝48,000円

材料消費数量差異への配分額：624,000円×（2,400kg/20,800kg）＝72,000円

期末仕掛品への配分額：624,000円×（6kg×200個/20,800kg）＝36,000円

期末製品への配分額：624,000円×（6kg×150個/20,800kg）＝27,000円

売上原価への配分額：624,000円×（6kg×2,450個/20,800kg）＝441,000円

(2)　材料消費数量差異

期末仕掛品への配分額：1,872,000円×（200個/2,800個）≒133,714円

期末製品への配分額：1,872,000円×（150個/2,800個）≒100,286円

売上原価への配分額：1,872,000円×（2,450個/2,800個）≒1,638,000円

第10章 工場会計の独立

学習のポイント

1．工場会計を本社会計から独立させることによって，会計記録とその記録対象であるモノの流れとの距離を物理的（時間的・場所的）に近づけることができる。
2．本社と工場の両方が関係する取引が存在し，本社・工場間で記録を受渡しする場合には，本社・工場間で固有の会計処理が必要になる。その会計処理のためには，本社側に工場勘定，工場側に本社勘定を設ける。
3．本社会計と工場会計が独立しているときには，本社会計と工場会計のそれぞれにおいて決算が行われる。
4．本社・工場のいずれか一方に未達事項が存在すると，工場勘定と本社勘定の残高が一致しなくなるため，残高が一致するように未達事項を処理する。
5．本社・工場間での製品や材料の取引にあたって，内部振替価格を使用することがある。この場合には，本社の製品原価や工場の材料勘定には内部利益が含まれることになるため，決算にあたりその内部利益を控除する。

1 本社会計・工場会計の独立とその意義

工場での大量生産技術の確立によって，製造企業は近代的な企業として発展してきた。工場では，工程の流れが次第に複雑になっていったが，それを管理するための情報技術が原価計算であった。

単一の工場しかもたなかった製造企業は，次第に複数の工場をもつようになった。さらには，工場だけでなく販売と購買の職能もあわせもつようになり，複数の職能からなる**職能別組織**を確立させた。

職能別組織では，複数の職能部門に加えて，それらを統括する本社部門を備えていた。職能別組織は，トップマネジメントをはじめとする本社部門，ミドルマネジメントを担う各職能部門，工場や営業所といった現業部門からなる階層別組織でもあった。

このような企業の発展，そして職能別組織の確立のなかで，工場を中心に行われてきた会計には，それを本社会計に統合するのか，そのまま工場に残すのかという２つの選択肢が考えられる。

本社会計への統合は，大量の情報処理をこなす人的・物的に十分な資源の存在を前提とする限り，業務の専門化・効率化を図ることができる。近年では，情報技術がその前提を整えるのに十分すぎるほどの発展をみせている。

一方で，工場会計をそのまま工場に残すことによって，会計記録とその記録対象であるモノの流れとの距離を物理的に近づけることができる。ここでいうモノの流れとは，工場の生産活動におけるモノの流れである。工場会計を工場に残すのは，モノの流れが工場にある限り，それを記録する会計も工場に置くべきであるという考え方によるものである。

したがって，この考え方にもとづく限り，モノの流れと会計記録は物理的に（時間的に・場所的に）一致しなければならない。これは，モノの流れに複数の関係者が関与する場合に，基礎的な情報の共有を促し，関係者間の連携をとりやすくするメリットがある。

関係者が日常的に対処しようとするのはモノの流れのほうである。例えば，材料を購入する，その製品を販売するという活動は，モノの流れに対処しようとするものである。このような活動には，複数の関係者が関与する。材料の購入であれば，工場の倉庫部門や生産部門はもちろん，本社の購買部門や経理部門も関与する。材料の購入というモノの流れについて，各関係者はそれぞれ異なる関心をもっている。例えば，倉庫部門は倉庫内でのその材料の配置に関心があり，購買部門はその材料の供給業者との関係に関心があるかもしれない。関心が異なっても，倉庫部門と購買部門は，もっとも効率的な材料の購入のために協力しなければならないが，その協力にあたって会計記録は，共通の基盤や枠組みを提供することができる。

2 本社・工場会計と取引

本社と工場が完全に独立していれば，特別な会計処理は必要ない。このときは本社と工場がそれぞれの会計処理を行えばよい。本社・工場間で固有の会計処理が必要になるのは，両方が関係する取引が存在し，本社・工場間で記録を受渡しするためである。このような記録の受渡しは，本社側に**工場勘定**，工場側に**本社勘定**を設けることで行われる。

以下では，材料の購入から，製品の完成・販売までの主要な取引に関する会計処理の例をみていく。本社会計と工場会計を独立させない場合と独立させる場合の会計処理の違いを理解しよう。

❶ 材料の購入

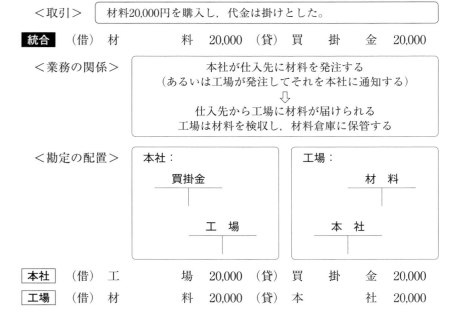

＜取引＞ 材料20,000円を購入し，代金は掛けとした。

統合	（借）	材　　料	20,000	（貸）	買　掛　金	20,000

＜業務の関係＞

本社が仕入先に材料を発注する
（あるいは工場が発注してそれを本社に通知する）
⇩
仕入先から工場に材料が届けられる
工場は材料を検収し，材料倉庫に保管する

＜勘定の配置＞

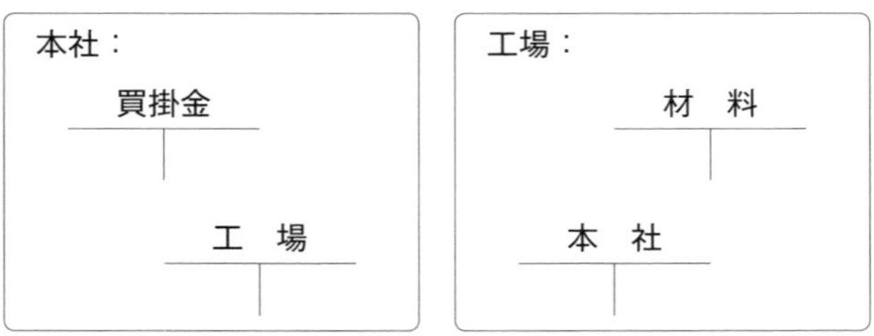

本社	（借）	工　　場	20,000	（貸）	買　掛　金	20,000
工場	（借）	材　　料	20,000	（貸）	本　　社	20,000

❷ 材料の消費

＜取引＞ 材料18,000円をすべて主要材料として消費した。

上記❶において，材料の入庫はすでに工場の材料勘定に記録されているため，材料の消費（出庫）は工場のみの取引になる。本社はこの取引に関係しない。

本社	仕訳なし					
工場	（借）	仕掛品	18,000	（貸）	材料	18,000

❸ 消費賃金の計上

＜取引＞ 当月の賃金・給料の消費額は，直接労務費6,000円，間接労務費5,000円であった。

統合	（借）	仕掛品	6,000	（貸）	未払賃金・給料	11,000
		製造間接費	5,000			

＜業務の関係＞
工場は従業員の就業時間（直接作業時間，間接作業時間など）を集計し，本社に通知する
⇩
本社は通知された時間をもとに支払賃金を計算する
（賃金の支払いは後日）

＜勘定の配置＞

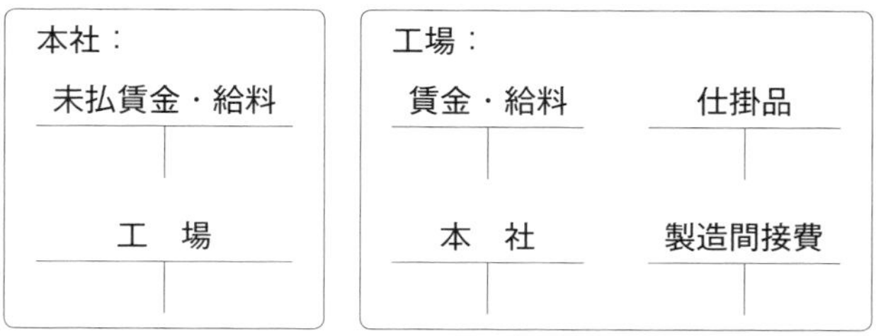

本社	（借）	工場	11,000	（貸）	未払賃金・給料	11,000
工場	（借）	賃金・給料	11,000	（貸）	本社	11,000
	（借）	仕掛品	6,000	（貸）	賃金・給料	11,000
		製造間接費	5,000			

❹ 賃金の支払い

＜取引＞

> 給料日に賃金・給料12,000円のうち源泉徴収税等の預り金1,000円を差し引き，残りを現金で支払った。

上記❸において，消費賃金に相当する未払額はすでに本社の未払賃金・給料勘定に記録されているため，賃金の支払いは本社のみの取引になる。工場はこの取引に関係しない。

なお，本社から工場に送金し，工場で支払いを記録することもある。その場合は，❸においても，本社に未払賃金・給料勘定は配置しない。この場合の仕訳は，例題10－1を参照してほしい。

本社	（借）	未払賃金・給料	12,000	（貸）	現金	11,000
					預り金	1,000
工場	仕訳なし					

❺ 製造間接費を配賦する

＜取引＞

> 当月の製造間接費配賦額は9,000円であった。

本社	仕訳なし					
工場	（借）	仕掛品	9,000	（貸）	製造間接費	9,000

❻ 製品が完成する

＜取引＞

> 当月の完成高は30,000円であった。

統合	（借）	製品	30,000	（貸）	仕掛品	30,000

① 本社の製品倉庫に納めるケース

＜業務の関係＞

> 工場で製品が完成する
> ⇩
> 完成した製品を本社にある製品倉庫に納める

＜勘定の配置＞

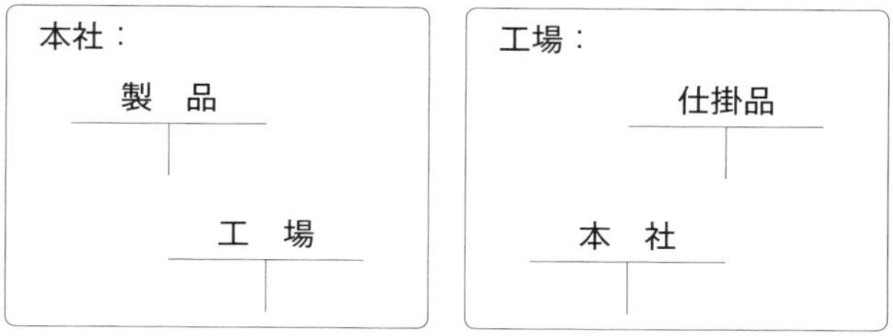

本社	（借）	製　品	30,000	（貸）	工　場	30,000
工場	（借）	本　社	30,000	（貸）	仕　掛　品	30,000

② 製品倉庫は工場にあるケース

本社　仕訳なし

工場	（借）	製　品	30,000	（貸）	仕　掛　品	30,000

製品倉庫が本社にあるときは本社に製品勘定を配置し，製品倉庫が工場にあるときは工場に製品勘定を配置するのは，モノの流れと勘定の記録を一致させようとするためである。モノの流れと勘定の記録を切り離して考えれば，製品倉庫が本社にあろうと，工場にあろうと，同じ勘定記録を採用すればよい（上記の①と②のどちらでもよい）。

本社会計と工場会計の独立には，本社・工場間での記録のやりとりやモノの流れを意識づけるという効果がある。

❼ 製品を販売する

＜取引＞　製品を45,000円で販売し，代金は掛けとした。なお，販売価格は製品原価に50%の利益を加算している。

統合	（借）	売　上　原　価	30,000	（貸）	製　品	30,000
	（借）	売　掛　金	45,000	（貸）	売　上	45,000

上記の❻①のように，すでに本社の製品倉庫に納入している場合には，工場は製品の販売に関係しない。そのため，工場は「仕訳なし」となり，本社で **統合** と同じ仕訳が行われる。

本社・工場間のやりとりがあるのは，製品が工場にあり，工場から顧客に出荷するケースである。

＜業務の関係＞

本社は顧客に製品を販売し，その旨を工場に通知する
⇩
工場は製品倉庫から直接顧客に製品を出荷する

＜勘定の配置＞

本社：

売　上　　売上原価　　売掛金　　工　場

工場：

製　品　　本　社

本社	（借）	売上原価	30,000	（貸）	工場	30,000
	（借）	売掛金	45,000	（貸）	売上	45,000
工場	（借）	本社	30,000	（貸）	製品	30,000

例題10－1

以下の取引について，本社と工場それぞれの仕訳を示しなさい。なお，本社と工場には，次のような勘定が配置されている。

本社：

現　金　　買掛金　　売掛金　　預り金　　売　上　　売上原価　　工　場

工場：

材　料　　仕掛品　　賃金・給料　　製　品　　製造間接費　　機械減価償却累計額　　本　社

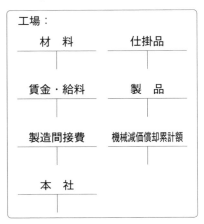

(1)　本社は工場のために材料40,000円を購入し，これを工場が受け取った。

(2)　工場で材料35,000円を消費した。直接費30,000円，間接費5,000円であった。

(3)　工場で労働力20,000円を消費した。直接費16,000円，間接費4,000円で

あった。

(4) 本社は，工場従業員の賃金・給料25,000円のうち源泉徴収税等の預り金5,000円を差し引き，残りを工場に送金した。工場はこれを受け取り従業員に支払った。

(5) 工場の機械減価償却費として14,000円を計上した。

(6) 製造間接費を配賦した（配賦率は直接労務費の150%とする）。

(7) 当月の完成品は60,000円であった。

(8) 本社は製品50,000円を70,000円で販売し，代金は掛けとした。本社は顧客に納品するよう工場に通知し，工場はそれを受けてただちに製品を納入した。

解答へのアプローチ

本社のみに関連する取引，工場のみに関連する取引，本社・工場の両方に関連する取引を区別しながら仕訳していく。本社・工場の両方に関連する取引では，本社側の工場勘定と工場側の本社勘定が常に一致することを確認してほしい。

[解　答]

	本社				工場			
	(借方)		(貸方)		(借方)		(貸方)	
(1)	工場	40,000	買掛金	40,000	材料	40,000	本社	40,000
(2)	仕訳なし				仕掛品	30,000	材料	35,000
					製造間接費	5,000		
(3)	仕訳なし				仕掛品	16,000	賃金・給料	20,000
					製造間接費	4,000		
(4)	工場	25,000	現金	20,000	賃金・給料	25,000	本社	25,000
			預り金	5,000				
(5)	仕訳なし				製造間接費	14,000	機械減価償却累計額	14,000
(6)	仕訳なし				仕掛品	24,000	製造間接費	24,000
(7)	仕訳なし				製品	60,000	仕掛品	60,000
(8)	売掛金	70,000	売上	70,000	本社	50,000	製品	50,000
	売上原価	50,000	工場	50,000				

3 本社・工場会計と決算

本社会計と工場会計を独立させると，決算時にも，本社会計の決算と工場会計の決算がそれぞれ進められる。そして最終的には，本社と工場を合算した全社の決算が行われる。

このような本社・工場会計の決算に固有の手続として，以下では，未達事項の処理と内部利益の控除について説明する。

❶ 未達事項

2でみたように，本社の工場勘定借方が使用されるときは，工場の本社勘定貸方に同じ金額が記録される。２つの勘定が同時に記録される限り，勘定の残高は一方の借方ともう一方の貸方で同額になる。したがって，本社会計と工場会計を合算すると，本社勘定と工場勘定は貸借相殺される。

しかし，勘定の記録が同時でなければ，一方の勘定に未記入が生じ，残高は一致しなくなる。そのタイミングで決算日を迎えると，本社勘定と工場勘定が相殺されなくなる。このような記録のずれを生むのが未達事項である。

例として，材料の購入（15,000円）を考えよう。本社が仕入先に発注し，仕入先から工場に材料が届く。決算日は３月31日とする。その決算日までに，仕入先から本社には請求書が届いたが，工場には材料が届かなかったとしよう。本社では請求書にもとづいて，次のように買掛金を計上する（３月31日）。

本社	（借）工　　場	15,000	（貸）買　掛　金	15,000

しかし，この時点で工場には何も記録されない。工場勘定と本社勘定は，残高が一致しなくなる。そこで，工場では３月31日に次のような仕訳を行うことにしよう。

工場	（借）未達材料	15,000	（貸）本　　社	15,000

工場には材料が届いていないため，材料勘定に記入することはできないが，その代わりに未達材料勘定を使用する。こうすれば，工場勘定と本社勘定は，常に残高を一致させることができる。

なお，材料が実際に到着すれば，次のような仕訳によって未達材料勘定を消去する。

工場	（借）	材　　　料	15,000	（貸）未　達　材　料	15,000

❷ 内部振替価格の使用と内部利益の控除

企業会計では，製品を顧客に販売することによって利益が計算される。しかし，販売の瞬間にすべての利益が生まれるわけではない。利益を生み出す製品の価値は，製造する段階から少しずつ作り込まれていくものである。このような考え方をとるときには，製品に**内部振替価格**を設定することで，工場から本社に製品を引き渡す段階で利益を計算することができる。

一方，本社は，工場から利益が付加された価格で製品を引き取ることになる。本社会計で記録される製品原価には，**内部利益**が含まれていることに注意しよう。製品原価を貸借対照表に計上するときには，この内部利益を控除しなければならない。

なお，工場の工程間に内部振替価格を設定すれば，工場内部でも利益を計算することができる。これは本社・工場会計ではなく，工程別計算の問題となる。

例題10−2

当社は，東京に本社，大分に工場をもっており，本社会計と工場会計を独立させている。製品倉庫は本社と工場の両方にある。完成した製品は工場の製品倉庫にいったん保管され，その後すべて本社の製品倉庫に納入される。工場から本社への製品の振替えには，製造原価の10％の利益を加算している。以下の各問に答えなさい。

問１　工場は本社からの指示により，当月完成品1,600,000円を本社に納入した。本社と工場それぞれの仕訳を示しなさい。

<勘定の配置>

本社：
製　品
工　場

工場：
内部売上
製　品
本　社
売上原価

問2　問1で納入した製品のうち10%が月末に本社在庫として残った。この本社在庫に含まれる内部利益の金額はいくらか。

解答へのアプローチ

工場から利益を加算した振替価格を使用して製品を振り替えると，本社では内部利益が含まれた金額で受入処理することになる。その製品が在庫として残ると，決算にあたり内部利益を控除しなければならない。

［解　答］

問1

本社	（借）	製　　品	1,760,000	（貸）	工　　場	1,760,000
工場	（借）	本　　社	1,760,000	（貸）	内部売上	1,760,000
	（借）	売上原価	1,600,000	（貸）	製　　品	1,600,000

問2

本社の月末在庫高　1,760,000円×10%＝176,000円

内部利益額　176,000円×(0.1/1.1)＝16,000円

練習問題 10−1

A製作所では，東京に本社，千葉に工場をもっており，本社会計と工場会計を独立させている。本社会計と工場会計には，次のような勘定が配置されている。

本社会計：現金，買掛金，売掛金，未払賃金・給料，預り金，内部材料売上，内部材料売上原価，製品，売上原価，売上，工場

工場会計：材料，賃金・給料，製造間接費，仕掛品，製品，内部製品売上，内部製品売上原価，本社

当月の取引は以下のとおりであった。

(1)　本社は工場のために掛けで材料20,000円を購入し，これに10%の利益を加算した22,000円の振替価格を付して工場に直送した。

(2)　工場では，上記(1)の材料のうち19,800円を消費した。消費額の内訳は，直接材料費16,500円，間接材料費3,300円であった。

(3) 工場での賃金・給料の消費額は，直接労務費8,000円，間接労務費5,000円であった。本社は工場からの通知を受けて支払賃金を計算する。

(4) 本社は，給料日に賃金・給料12,000円のうち源泉徴収税等の預り金1,500円を差し引き，残りを現金で支払った。

(5) 当月の製造間接費配賦額は11,000円であった。

(6) 当月の完成品は30,000円であった（工場の製品倉庫に保管される）。

(7) 工場は本社からの指示により，当月完成品24,000円に５％の利益を加算した振替価格を付して本社の製品倉庫に納入した。

(8) 本社は上記(7)の製品のうち18,900円を21,000円で掛けにて販売した。

問１ (1)から(8)までの一連の取引について，①本社と②工場それぞれの仕訳を示しなさい。なお，仕訳が必要ない場合は「仕訳なし」と記入すること。

① 本社

	借方科目	金　額	貸方科目	金　額
(1)				
(2)				
(3)				
(4)				
(5)				
(6)				
(7)				
(8)				

② 工場

	借方科目	金　額	貸方科目	金　額
(1)				
(2)				
(3)				
(4)				
(5)				
(6)				
(7)				
(8)				

問 2　工場の材料在庫に含まれる内部利益，本社の製品在庫に含まれる工場が付した内部利益をそれぞれ計算しなさい。

材料在庫の内部利益	円
製品在庫の内部利益	円

➡ 解答は217ページ

1級工業簿記・原価計算 上巻
練習問題　解答・解説

練習問題 2－1

精　算　表　　　　(単位：千円)

勘定科目	決算整理前残高試算表		整理記入		損益計算書		貸借対照表	
	借方	貸方	借方	貸方	借方	貸方	借方	貸方
現金預金	100						100	
売掛金	500						500	
貸倒引当金		10		5				15
材料	200			20			180	
棚卸減耗引当金		50	20					
			30					
仕掛品	250						250	
製品	350						350	
固定資産	2,000						2,000	
減価償却累計額		800						800
諸資産	1,700						1,700	
諸負債		1,180						1,180
資本金		3,000						3,000
売上		1,400				1,400		
受取利息		60				60		
売上原価	1,000		20	30	990			
販売費	180				180			
一般管理費	70				70			
支払利息	130				130			
製造間接費	520			500				
				20				
製造間接費配賦		500	500					
貸倒引当金繰入			5		5			
当期純利益					85			85
	7,000	7,000	575	575	1,460	1,460	5,080	5,080

解説

1　原価計算を期中に実施していると考えられるので，材料，仕掛品，製品の各勘定残高は期末の帳簿残高を示している。材料のみ，減耗損の処理が必要になる。

(借)　棚卸減耗引当金　20　(貸)　材　料　20

2　製造間接費配賦差異は製造間接費勘定で把握する。

練習問題 3－1

材　料

前月繰越	(39,000)		(242,000)
	(272,000)	次月繰越	(69,000)
	(311,000)		(311,000)

材料受入価格差異

(　)	(879)

材料受入価格差異一覧表

材料	金　　額	
A	4,500	円（ 貸方 ）差異
B	1,485	円（ 借方 ）差異
C	2,136	円（ 借方 ）差異

解説

1　材料勘定の月初在庫量，当月消費量および月末在庫量は予定単価で評価される。例えば，月初有高は次のとおりである。

90円/kg×100kg＋130円/kg×200kg＋400円/kg×10kg＝39,000円

2　材料実際購入原価の計算

材料A：総額…72,000円＋2,332円×900kg÷(900kg＋1,100kg＋120kg)
＋7,689円×72,000円÷(72,000円＋137,500円＋46,800円)
＋4,800円×9回÷(9回＋11回＋12回)＝76,500円

材料B：総額…137,500円＋2,332円×1,100kg÷(900kg＋1,100kg＋120kg)
＋7,689円×137,500円÷(72,000円＋137,500円＋46,800円)
＋4,800円×11回÷(9回＋11回＋12回)＝144,485円

材料C：総額…46,800円＋2,332円×120kg÷(900kg＋1,100kg＋120kg)
＋7,689円×46,800円÷(72,000円＋137,500円＋46,800円)
＋4,800円×12回÷(9回＋11回＋12回)＝50,136円

合計：76,500円＋144,485円＋50,136円＝271,121円

3　材料受入価格差異の計算

材料A：76,500円－90円/kg×900kg＝－4,500円（貸方差異）

材料B：144,485円－130円/kg×1,100kg＝1,485円（借方差異）

材料C：50,136円－400円/kg×120kg＝2,136円（借方差異）

合計：－4,500円＋1,485円＋2,136円＝－879円（貸方差異）

練習問題 4－1

(1)

製造間接費（単位：千円）

借方	金額	貸方	金額
間接材料費	（700）	正常配賦額	（9,900）
間接労務費	（5,870）		
間接経費	（3,300）		
配賦差異	（30）		
	（9,900）		（9,900）

仕掛品（単位：千円）

借方	金額	貸方	金額
前月繰越	（200）	完成品原価	（19,550）
直接材料費	（7,550）	次月繰越	（100）
直接労務費	（2,000）		
製造間接費	（9,900）		
	（19,650）		（19,650）

(2) 予算差異＝ 100,000 円（ 貸方 ）差異

操業度差異＝ 70,000 円（ 借方 ）差異

解説

1　直接材料費の計算

月初有高＋当月仕入高－月末有高±消費価格差異

＝資料1＋資料11－資料2＋資料12

＝400千円＋7,500千円－450千円＋100千円＝7,550千円

2　間接労務費の計算

当月支払高－前月未払高＋当月未払高±賃率差異－直接労務費

＝資料7－資料5＋資料6－資料8－資料9

＝8,000千円－2,300千円＋2,350千円－180千円－2,000千円＝5,870千円

3　製造間接費配賦率は資料15と16より，10,000円/時間であり，うち固定費率は7,000円/時間であり，変動費率は3,000円/時間である。よって，当月の予定（正常）配賦額は9,900千円（＝@10,000円×990時間）となる。

当月固定費予算＝7,000,000円（＝84,000,000円÷12カ月）

実際発生額＝9,870,000円（＝700,000円＋5,870,000円＋3,300,000円）

予算差異＝9,870,000円－（3,000円/時間×990時間＋7,000,000円）

＝－100,000円（貸方差異）

操業度差異＝7,000円/時間×（1,000時間－990時間）

＝70,000円（借方差異）

練習問題 5－1

問 1

製造間接費―第1製造部門

（自）F	（　25,148）	仕　掛　品	（　45,000）
V	（　17,520）	変動費予算差異	1,000
（事）F	（　2,100）	固定費予算差異	500
（動）F	（　3,252）	操業度差異	5,000
V	（　3,480）		
	51,500		51,500

製造間接費―第2製造部門

（自）F	（　8,252）	仕　掛　品	（　31,500）
V	（　16,200）	固定費予算差異	100
（事）F	（　1,680）		
（動）F	（　2,168）		
V	（　2,400）		
変動費予算差異	300		
操業度差異	600		
	31,600		31,600

製造間接費―動力部門

（自）F	（　4,900）	F	（　5,420）
V	（　6,150）	V	（　5,880）
（事）F	（　420）	変動費予算差異	270
固定費予算差異	100		
	11,570		11,570

製造間接費―事務部門

（自）F	（　4,000）	F	（　4,200）
固定費予算差異	200		
	4,200		4,200

問 2

自家消費を無視する場合と考慮する場合とでは，連立方程式は異なるが，最終的な製造部門費は同額になる。

解 説

問 1

1　補助部門費予算部門別配賦表は次のとおりである（単位：千円）。

費目	第1製造部門		第2製造部門		動力部門		事務部門
	固定費	変動費	固定費	変動費	固定費	変動費	固定費
部門費合計	24,648	20,400	8,152	15,600	5,000	6,000	4,200
事務部門費	2,100	–	1,680	–	420	–	4,200
動力部門費	3,252	3,600	2,168	2,400	5,420	6,000	
製造部門費	30,000	24,000	12,000	18,000			
予定配賦率	@25	@20	@6	@9			

2　動力部門の変動費正常配賦率＝6,000千円÷10,000kWh＝600円/kWh

3　動力部門費の製造部門への実際配賦

600円/kWh×5,800kWh＝3,480千円 → 第1製造部門へ配賦

600円/kWh×4,000kWh＝2,400千円 → 第2製造部門へ配賦

4　第1製造部門費の計算

正常配賦額＝(25千円/時間＋20千円/時間)×1,000時間＝45,000千円

変動費予算差異＝(17,520千円＋3,480千円)－20千円/時間×1,000時間
　　　　　　　＝1,000千円（借方差異）

固定費予算差異＝(25,148千円＋2,100千円＋3,252千円)－30,000千円
　　　　　　　＝500千円（借方差異）

操業度差異＝25千円/時間×(1,200時間－1,000時間)＝5,000千円（借方差異）

5　第2製造部門費の計算

正常配賦額＝(6千円/時間＋9千円/時間)×2,100時間＝31,500千円

変動費予算差異＝(16,200千円＋2,400千円)－9千円/時間×2,100時間

＝－300千円（貸方差異）

固定費予算差異＝(8,252千円＋1,680千円＋2,168千円)－12,000千円

＝100千円（借方差異）

操業度差異＝６千円/時間×(2,000時間－2,100時間)＝－600千円（貸方差異）

問２

例題５－１の数値を用いて解説する。ここでは，自家消費を無視していた。自家消費を考慮した場合の連立方程式は次のとおりである。

$$x = 2{,}400 + \frac{4}{124}x + \frac{10}{190}y$$

$$y = 800 + \frac{8}{124}x + \frac{20}{190}y + \frac{10}{110}z$$

$$Z = 2{,}650 + \frac{16}{124}x + \frac{30}{190}y + \frac{10}{110}z$$

これを解いて，自家消費を含めた配賦表を作成すると，次のとおりである。

補助部門費配賦表　　　　（単位：千円）

費目	配賦基準	金額	製造部門		補助部門		
			切削部門	組立部門	動力部門	修繕部門	事務部門
合計		22,000	8,710	7,440	2,650	800	2,400
事務部門費	従業員数		1,156	825	(330)	(165)	(83)
修繕部門費	修繕時間数		529	454	(227)	(151)	(76)
動力部門費	動力供給量		1,603	1,283	(320)	(321)	
小計			3,288	2,562			
合計		22,000	11,998	10,002			

（注）四捨五入による誤差が生じるが，例題５－１の数値に合わせて，一部の数値を切り上げあるいは切り捨ててある。

練習問題 6－1

問 1

材　料

2,000,000	(　1,320,000)
(　68,000)	

仕　掛　品

(　1,320,000)	(　5,278,000)
1,100,000	(　442,000)
3,300,000	

正常仕損費
＝(　374,000)円

製造間接費

(　374,000)	3,300,000

製　品

(　5,278,000)	(　　)

問 2

材　料

2,000,000	520,000
(　36,000)	

仕　掛　品

520,000	(　1,504,000)
340,000	(　36,000)
(　680,000)	

正常仕損費
＝(　459,000)円

製造間接費

(　　)	(　680,000)

製　品

(　1,504,000)	(　　)

解 説

問 1

まず，製造指図書＃75に集計される原価は，次のように計算できる。

- 直接材料費：1,320,000円　(＝3,300,000円÷250％)
- 直接労務費：1,100,000円
- 製造間接費：3,300,000円

　　合　計　5,720,000円

この5,720,000円は，製造指図書＃75の製品量35,200個に対応しているので，仕損品2,720個に対応する金額は442,000円（＝2,720個×(5,720,000円÷35,200個)）と計算できる。したがって，正常仕損費は，仕損品評価額68,000円（＝25円×2,720個）を差し引いた374,000円と計算される。なお，本問においては，製造間接費予算に正常仕損費予算が含まれており，完成品原価は5,278,000円（＝(35,200個－2,720個)×(5,720,000円÷35,200個)）となる。以上より，次の仕訳を行うことができる。

（借）	仕　掛　品	5,720,000	（貸）	材　　料	1,320,000
				直接労務費	1,100,000
				製造間接費	3,300,000
（借）	材　　料	68,000	（貸）	仕　掛　品	442,000
	製造間接費	374,000			
（借）	製　　品	5,278,000	（貸）	仕　掛　品	5,278,000

本問における正常仕損費は「仕損費を間接費とし，これを仕損の発生部門に賦課」（原価計算基準35）している。

問2

まず，製造指図書＃220に集計される原価は，次のように計算できる。

- 直接材料費：　520,000円
- 直接労務費：　340,000円
- 製造間接費：　680,000円　（＝340,000円×200％）

　　　合　計　1,540,000円

この1,540,000円は，製造指図書＃220の製品量2,240個に対応しているので，仕損品720個に対応する金額は495,000円（＝720個×（1,540,000円÷2,240個））と計算できる。したがって，正常仕損費は，仕損品評価額36,000円（＝50円×720個）を差し引いて，459,000円と計算される。なお，本問においては代品の製造を行っていないため，正常仕損費は当該指図書に集計済みであり，材料として再利用可能な仕損品の評価額を控除すれば，完成品原価は1,504,000円と計算できる。以上より，次の仕訳を行うことができる。

（借）	仕　掛　品	1,540,000	（貸）	材　　料	520,000
				直接労務費	340,000
				製造間接費	680,000
（借）	材　　料	36,000	（貸）	仕　掛　品	36,000
（借）	製　　品	1,504,000	（貸）	仕　掛　品	1,504,000

練習問題 6−2

問 1

指図書別原価計算表 （単位：円）

	＃310	＃310-1	＃320	＃320-1	＃330
直接材料費	6,000,000	240,000	10,000,000	2,000,000	2,000,000
直接労務費	1,650,000	120,000	1,450,000	365,000	165,000
製造間接費					
CP1	5,325,000	0	5,325,000	1,597,500	532,500
CP2	5,220,000	696,000	4,060,000	812,000	522,000
計	18,195,000	1,056,000	20,835,000	4,774,500	3,219,500
仕損品評価額	−	−	−	△800,000	−
仕損費	1,056,000	△1,056,000	3,974,500	△3,974,500	−
合計	19,251,000	0	24,809,500	0	3,219,500
備考		＃310へ振替		＃320へ振替	

問 2

	CP1	CP2
操業度差異	961,000円（ 不利 ）	226,250円（ 不利 ）

解説

問 1

各指図書別の製造間接費配賦額を計算するにあたり，次のように部門費配賦表を使ってコストセンター別の部門費を計算するとよい。

部門費配賦表（変動費） （単位：円）

費目	第2製造部		補助部門	
	CP1	CP2	動力部	管理部
部門費	3,090,000	1,200,000	2,700,000	1,800,000
動力部費	900,000	750,000		
管理部費	600,000	600,000		
製造部門費	4,590,000	2,550,000		
予定配賦率	11,475円/時間	6,375円/時間		

部門費配賦表（固定費）　　　　（単位：円）

費目	第２製造部		補助部門	
	CP1	CP2	動力部	管理部
部門費	7,110,000	6,550,000	5,100,000	3,600,000
動力部費	1,500,000	1,500,000		
管理部費	1,000,000	1,000,000		
製造部門費	9,610,000	9,050,000		

予定配賦率　24,025円/時間　22,625円/時間

第２製造部の月間実際的生産能力は400時間（＝（１日16時間×310日－160時間）÷12）であるため，部門費配賦表で計算した各予算額を400時間で除すればコストセンター別の予定配賦率を計算することができる。

問２

コストセンター別の実際機械作業時間は次のように計算できる。

- CP1：150＋０＋150＋45＋15＝360時間
- CP2：180＋24＋140＋28＋18＝390時間

したがって，実際的生産能力を基準操業度としているため，部門費配賦表（固定費）で求めた予定配賦率（固定費率）を用いれば，コストセンター別の操業度差異は次のように計算できる。

- CP1：（400時間－360時間）×24,025円/時間＝961,000円（不利差異）
- CP2：（400時間－390時間）×22,625円/時間＝226,250円（不利差異）

練習問題 7－1

純粋先入先出法によれば，期首仕掛品完成分の原価と当期着手完成品の原価とを別個に計算するため，各々の完成品単位原価に作業能率の違いが反映されるので，原価管理上は平均法や（修正）先入先出法よりも有用な情報を提供できるといわれている。

しかしながら，純粋先入先出法には，より多くの事務処理コストを要するという欠点がある。さらに，純粋先入先出法により計算される実際製品単位原価は，作業能率の良否のみならず，資源の価格の変動や操業度の変動の影響も受けることになる。製品の実際単位原価を期間比較しても原価管理上の有用性は限定的である。このような欠点を補って有効な原価管理を行うため

には，標準原価計算を採用するべきである。

練習問題 7－2

例えば正常仕損が工程の終点で発生し，当該仕損費を完成品のみが負担する場合には，度外視法と非度外視法とで計算結果が一致する。

通常，工程途中で正常仕損が発生した場合，度外視法では，正常仕損が発生しなかったかのように原価の配分計算を行う。その結果，度外視法によった場合，正常仕損費は完成品と期末仕掛品の両方が負担することとなる。この場合，度外視法では，正常仕損費の直接材料費部分については完成品と期末仕掛品が対等に負担し，加工費部分については完成品と期末仕掛品が加工進捗度に応じて負担する。一方，非度外視法では，正常仕損費の直接材料費部分と加工費部分とを完成品と期末仕掛品が対等に負担する。これでは，度外視法と非度外視法との間で計算結果は一致しない。

ただし，正常仕損の発生点進捗度が100％である場合には，度外視法においても非度外視法においても当該仕損費を完成品のみが負担する。この場合には，加工費部分における加工進捗度に応じた負担が完成品と期末仕掛品との間で対等になり，度外視法と非度外視法とで計算結果が一致することになる。その他にも，正常仕損が工程の始点で発生する場合には，正常仕損費は直接材料費のみで構成されることになるため，加工費についての負担問題が生じない。その結果，度外視法と非度外視法との間で計算結果は一致する。

解 説

例題7－2を用いると，次のとおり計算できる。

1　正常減損が終点で発生し，先入先出法・度外視法を適用する場合

- 期末仕掛品

直接材料費：$\dfrac{3{,}120{,}000\text{円}}{(1{,}400\text{kg}-500\text{kg})+200\text{kg}+400\text{kg}}\times 400\text{kg}=832{,}000\text{円}$

加工費：$\dfrac{5{,}047{,}920\text{円}}{(1{,}400\text{kg}-500\text{kg}\times 0.4)+200\text{kg}+400\text{kg}\times 0.8}\times 400\text{kg}\times 0.8$

$\fallingdotseq 939{,}148\text{円}$

期末仕掛品原価：832,000円＋939,148円＝ 1,771,148円

- 完成品

完成品総合原価：4,100,000円＋5,678,910円－1,771,148円＝ 8,007,762円

2 正常減損が終点で発生し，先入先出法・非度外視法を適用する場合

- 分離計算－正常減損費負担前期末仕掛品

直接材料費：$\frac{3{,}120{,}000円}{(1{,}400kg-500kg)+200kg+400kg}\times 400kg=832{,}000円$

加工費：$\frac{5{,}047{,}920円}{(1{,}400kg-500kg\times 0.4)+200kg+400kg\times 0.8}\times 400kg\times 0.8$

$\fallingdotseq 939{,}148円$

期末仕掛品原価：832,000円＋939,148円＝ 1,771,148円

- 分離計算－正常減損費

直接材料費：$\frac{3{,}120{,}000円}{(1{,}400kg-500kg)+200kg+400kg}\times 200kg=416{,}000円$

加工費：$\frac{5{,}047{,}920円}{(1{,}400kg-500kg\times 0.4)+200kg+400kg\times 0.8}\times 200kg$

$\fallingdotseq 586{,}967円$

正常減損費：416,000円＋586,967円＝1,002,967円 → 完成品のみが負担する。

- 分離計算－正常減損費負担前完成品

直接材料費：$980{,}000円+\frac{3{,}120{,}000円}{(1{,}400kg-500kg)+200kg+400kg}$

$\times(1{,}400kg-500kg)=2{,}852{,}000円$

加工費：$630{,}990円+\frac{5{,}047{,}920円}{(1{,}400kg-500kg\times 0.4)+200kg+400kg\times 0.8}$

$\times(1{,}400kg-500kg\times 0.4)\fallingdotseq 4{,}152{,}795円$

- 負担計算－正常減損費負担後完成品

正常減損費負担後完成品原価：

2,852,000円＋4,152,795円＋1,002,967円＝ 8,007,762円

練習問題 7−3

	第1工程	第2工程
月末仕掛品加工費	1,950,000円	1,747,500円
工程完了品加工費	10,350,000円	16,122,085円
異常仕損品加工費	−	18,125円

解説

工程別総合原価計算による計算過程は，ワークシートを用いると理解しやすい。本問では累加法による計算をするので，次のように作成される。

第1工程	加工費	
	数量（個）	金額（円）
当月投入	90,000	11,700,000
月末仕掛品	15,000	1,950,000
差引	75,000	9,750,000
月初仕掛品	5,000	600,000
第1工程完成品	80,000	10,350,000
単価		@129.375

第2工程	前工程費		加工費		合計（円）
	数量（個）	金額（円）	数量（個）	金額（円）	
当月投入	80,000	10,350,000	78,910	5,129,150	15,479,150
月末仕掛品	12,000	1,552,500	3,000	195,000	1,747,500
異常仕損品	120	15,525	40	2,600	18,125
正常仕損品	20	−	10	−	−
差引	67,860	8,781,975	75,860	4,931,550	13,713,525
月初仕掛品	16,000	1,910,175	8,000	498,385	2,408,560
第2工程完成品	83,860	10,692,150	83,860	5,429,935	16,122,085
単価		@127.5		@64.75	@192.25

1　第1工程加工費の計算

第1工程加工費については，正常仕損・異常仕損が発生していないので，次のように修正先入先出法によって計算すればよい。

第1工程月末仕掛品：$\dfrac{11{,}700{,}000円}{(80{,}000個-20{,}000個\times0.25)+20{,}000個\times0.75}$

$\times20{,}000個\times0.75=1{,}950{,}000円$

第1工程完成品：12,300,000円−1,950,000円＝10,350,000円

2　第２工程加工費の計算

第２工程においては，正常仕損費の負担を発生点進捗度にもとづいて判断するため，月末仕掛品・正常仕損・異常仕損の進捗度を比較する。

「月末仕掛品（0.25）＜異常仕損（1/3）＜正常仕損（0.5）」

したがって，月末仕掛品と異常仕損は，ともに正常仕損の発生点に到達していないので，正常仕損費は完成品のみが負担するように計算する。

- 第２工程月末仕掛品

前工程費：$\dfrac{10{,}350{,}000円}{(83{,}860個-16{,}000個)+20個+120個+12{,}000個}\times 12{,}000個$

$=1{,}552{,}500円$

加工費：$\dfrac{5{,}129{,}150円}{(83{,}860個-16{,}000個\times 0.5)+20個\times 0.5+120個\times 1/3+12{,}000個\times 0.25}$

$\times 12{,}000個\times 0.25=195{,}000円$

月末仕掛品原価：1,552,500円＋195,000円＝1,747,500円

- 第２工程異常仕損品

前工程費：$\dfrac{10{,}350{,}000円}{(83{,}860個-16{,}000個)+20個+120個+12{,}000個}\times 120個$

$=15{,}525円$

加工費：$\dfrac{5{,}129{,}150円}{(83{,}860個-16{,}000個\times 0.5)+20個\times 0.5+120個\times 1/3+12{,}000個\times 0.25}$

$\times 120個\times 1/3=2{,}600円$

異常仕損費：15,525円＋2,600円＝18,125円

- 第２工程完成品

完成品総合原価：（7,537,710円＋10,350,000円）－1,747,500円－18,125円

＝16,122,085円

練習問題 7－4

仕掛品－等級製品Ｐ

月初仕掛品原価		完成品総合原価	
原料費	(450,288)	原料費	(3,762,288)
加工費	(318,204)	加工費	(2,445,804)
計	(768,492)	計	(6,208,092)
当月製造費用		月末仕掛品原価	
原料費	(3,744,000)	原料費	(432,000)
加工費	(2,208,600)	加工費	(81,000)
計	(5,952,600)	計	(513,000)
合計	(6,721,092)	合計	(6,721,092)

仕掛品－等級製品Ｑ

月初仕掛品原価		完成品総合原価	
原料費	(329,472)	原料費	(3,845,952)
加工費	(70,128)	加工費	(1,747,728)
計	(399,600)	正常仕損費負担額	(53,280)
当月製造費用		計	(5,646,960)
原料費	(3,833,280)	月末仕掛品原価	
加工費	(1,735,200)	原料費	(264,000)
計	(5,568,480)	加工費	(52,800)
		正常仕損費負担額	(4,000)
		計	(320,800)
		仕損品評価額	(320)
合計	(5,968,080)	合計	(5,968,080)

解説

本問では，組別総合原価計算に近い方法が採用されているので，当月の投入原価を各等級製品に按分する。

1　当月投入額の按分計算

等級製品の当月着手量15,060kgは，等級製品Ｐが7,800kg，等級製品Ｑが7,260kgに分けられる。

- 直接材料費の按分計算

直接材料費の按分単価：$\frac{7,577,280\text{円}}{7,800\text{kg}\times 1+7,260\text{kg}\times 1.1}=480\text{円}$

等級製品Ｐへの按分額：480円×7,800kg×1＝3,744,000円

等級製品Ｑへの按分額：480円×7,260kg×1.1＝3,833,280円

• 加工費の按分計算

$$加工費の按分単価：\frac{3{,}943{,}800円}{7{,}362kg \times 1 + 7{,}230kg \times 0.8} = 300円$$

等級製品Ｐへの按分額：300円×7,362kg×1＝2,208,600円

等級製品Ｑへの按分額：300円×7,230kg×0.8＝1,735,200円

2　等級製品Ｐの計算

• 月末仕掛品

直接材料費：3,744,000円÷7,800kg×900kg＝432,000円

加工費：2,208,600円÷7,362kg×270kg＝81,000円

等級製品Ｐ月末仕掛品原価：432,000円＋81,000円＝513,000円

• 完成品総合原価：

直接材料費：450,288円＋3,744,000円÷7,800kg×6,900kg＝3,762,288円

加工費：318,204円＋2,208,600円÷7,362kg×7,092kg＝2,445,804円

等級製品Ｐ完成品総合原価：3,762,288円＋2,445,804円＝6,208,092円

3　等級製品Ｑの計算

• 正常仕損

直接材料費：3,833,280円÷7,260kg×100kg＝52,800円

加工費：1,735,200円÷7,230kg×20kg＝4,800円

正常仕損費：52,800円＋4,800円－3.2円/kg×100kg＝57,280円

• 月末仕掛品

直接材料費：3,833,280円÷7,260kg×500kg＝264,000円

加工費：1,735,200円÷7,230kg×220kg＝52,800円

正常仕損費負担後月末仕掛品原価：

$$264{,}000円 + 52{,}800円 + \frac{57{,}280円}{6{,}660kg + 500kg} \times 500kg = 320{,}800円$$

• 完成品総合原価

直接材料費：329,472円＋3,833,280円÷7,260kg×6,660kg＝3,845,952円

加工費：70,128円＋1,735,200円÷7,230kg×6,990kg＝1,747,728円

正常仕損費負担後完成品総合原価：

$$3{,}845{,}952円 + 1{,}747{,}728円 + \frac{57{,}280円}{6{,}660\text{kg} + 500\text{kg}} \times 6{,}660\text{kg} = 5{,}646{,}960円$$

練習問題 8－1

問1

(1)

	完成品総合原価	完成品単位原価
第 2 工 程	10,183,200円	8,486円/kg
第 3 工 程	8,889,600円	9,260円/kg

(2)

	製品A	製品B	製品C
売　上　高	7,200,000円	22,440,000円	13,400,000円
売 上 原 価	2,880,000円	10,185,680円	9,256,000円
売上総利益	4,320,000円	12,254,320円	4,144,000円

問2

(1)

	完成品総合原価	完成品単位原価
第 2 工 程	11,551,200円	9,626円/kg
第 3 工 程	7,761,600円	8,085円/kg

(2)

	製品A	製品B	製品C
売　上　高	7,200,000円	22,440,000円	13,400,000円
売 上 原 価	2,880,000円	11,371,280円	8,151,500円
売上総利益	4,320,000円	11,068,720円	5,248,500円

解説

本問では，連産品の原価計算において，問1では物量基準による連結原価の按分を，問2では正常市価基準による連結原価の按分を行っている。

問1　物量基準

まず第1工程では，原料Xと原料Yで合計3,000kgが投入されるため，製品Aが600kg（＝3,000kg×1/5），中間生産物Bが1,200kg（＝3,000kg×2/5），中間生産物Cが1,200kg（＝3,000kg×2/5）産出される。この数値を基礎に，第1工程費（連結原価）を次のように按分することができる。

第１工程費：（4,000,000円＋2,800,000円）＋7,600,000円＝14,400,000円

製品Ａ：14,400,000円×1/5＝2,880,000円

中間生産物Ｂ：14,400,000円×2/5＝5,760,000円 → 第２工程の前工程費

中間生産物Ｃ：14,400,000円×2/5＝5,760,000円 → 第３工程の前工程費

1　製品Ａの生産・販売

- 製品Ａの完成品原価・売上高・売上原価

完成品数量＝販売数量：600kg

売上高：12,000円/kg×600kg＝7,200,000円

売上総利益：7,200,000円－2,880,000円＝4,320,000円

2　製品Ｂの生産・販売

- 完成品総合原価（第２工程の計算）

完成品数量：60kg＋1,200kg－60kg＝1,200kg

$$\text{材料費：}294{,}800\text{円}+5{,}760{,}000\text{円}\times\frac{1{,}200\text{kg}-60\text{kg}}{(1{,}200\text{kg}-60\text{kg})+60\text{kg}}=5{,}766{,}800\text{円}$$

$$\text{加工費：}110{,}800\text{円}+4{,}416{,}000\text{円}\times\frac{1{,}200\text{kg}-60\text{kg}\times0.5}{(1{,}200\text{kg}-60\text{kg}\times0.5)+60\text{kg}\times0.5}$$

$$=4{,}416{,}400\text{円}$$

完成品総合原価：5,766,800円＋4,416,400円＝10,183,200円

完成品単位原価：10,183,200円÷1,200kg＝8,486円/kg

- 売上高・売上原価

販売数量：160kg＋1,200kg－160kg＝1,200kg

売上高：18,700円/kg×1,200kg＝22,440,000円

売上原価：1,360,240円＋8,486円/kg×（1,200kg－160kg）＝10,185,680円

売上総利益：22,440,000円－10,185,680円＝12,254,320円

3　製品Ｃの生産・販売

- 完成品総合原価（第３工程の計算）

完成品数量：20kg＋1,200kg－260kg＝960kg

$$\text{材料費：}96{,}000\text{円}+5{,}760{,}000\text{円}\times\frac{960\text{kg}-20\text{kg}}{(960\text{kg}-20\text{kg})+260\text{kg}}=4{,}608{,}000\text{円}$$

加工費：$44{,}600円 + 4{,}816{,}800円 \times \dfrac{960kg - 20kg \times 0.5}{(960kg - 20kg \times 0.5) + 260kg \times 0.5}$

$= 4{,}281{,}600円$

完成品総合原価：4,608,000円＋4,281,600円＝8,889,600円

完成品単位原価：8,889,600円÷960kg＝9,260円/kg

• 売上高・売上原価

販売数量：60kg＋960kg－20kg＝1,000kg

売上高：13,400円/kg×1,000kg＝13,400,000円

売上原価：551,600円＋9,260円/kg×(1,000kg－60kg)＝9,256,000円

売上総利益：13,400,000円－9,256,000円＝4,144,000円

問２　正常市価基準

正常市価基準による場合，製品Ａ，中間生産物Ｂ，中間生産物Ｃの積数の比は，次のように計算することができる。

製品Ａ：12,000円/kg×600kg＝7,200,000円 → 0.2

中間生産物Ｂ：(18,700円/kg－3,700円/kg)×1,200kg＝18,000,000円 → 0.5

中間生産物Ｃ：(13,400円/kg－4,400円/kg)×1,200kg＝10,800,000円 → 0.3

したがって，第１工程費（連結原価）は次のように按分できる。

製品Ａ：14,400,000円×0.2＝2,880,000円

中間生産物Ｂ：14,400,000円×0.5＝7,200,000円 → 第２工程の前工程費

中間生産物Ｃ：14,400,000円×0.3＝4,320,000円 → 第３工程の前工程費

1　製品Ａの生産・販売

問１と同じ。

2　製品Ｂの生産・販売

• 完成品総合原価（第２工程の計算）

材料費：$294{,}800円 + 7{,}200{,}000円 \times \dfrac{1{,}200kg - 60kg}{(1{,}200kg - 60kg) + 60kg} = 7{,}134{,}800円$

加工費：4,416,400円（問１と同じ）

完成品総合原価：7,134,800円＋4,416,400円＝11,551,200円

完成品単位原価：11,551,200円÷1,200kg＝9,626円/kg

• 売上高・売上原価

売上原価：1,360,240円＋9,626円/kg×（1,200kg－160kg）＝11,371,280円

売上総利益：22,440,000円－11,371,280円＝11,068,720円

3　製品Cの生産・販売

• 完成品総合原価（第3工程の計算）

$$\text{材料費：}96{,}000\text{円}+4{,}320{,}000\text{円}\times\frac{960\text{kg}-20\text{kg}}{(960\text{kg}-20\text{kg})+260\text{kg}}=3{,}480{,}000\text{円}$$

加工費：4,281,600円（問1と同じ）

完成品総合原価：3,480,000円＋4,281,600円＝7,761,600円

完成品単位原価：7,761,600円÷960kg＝8,085円/kg

• 売上高・売上原価

売上原価：551,600円＋8,085円/kg×（1,000kg－60kg）＝8,151,500円

売上総利益：13,400,000円－8,151,500円＝5,248,500円

練習問題 9－1

材　料

月初有高	（1,680,000）	仕掛品	（7,152,000）
買掛金	（7,200,000）	月末有高	（1,728,000）
	（8,880,000）		（8,880,000）

材料受入価格差異

買掛金	（240,000）		

仕　掛　品

月初有高	（1,170,000）	製品	（10,350,000）
材料	（7,152,000）	月末有高	（846,000）
加工費	（3,224,000）	材料消費数量差異	（192,000）
		加工費予算差異	（83,000）
		加工費能率差異	（63,000）
		加工費不働能力差異	（12,000）
	（11,546,000）		（11,546,000）

解説

1．材料勘定・材料受入価格差異勘定

月初有高　1,200円/kg×1,400kg＝1,680,000円

実際購入高　1,240円/kg×6,000kg＝7,440,000円

材料勘定へ　1,200円/kg×6,000kg＝7,200,000円

材料受入価格差異　(1,240円/kg－1,200円/kg)×6,000kg＝240,000円

当月消費量　1,400kg＋6,000kg－1,440kg＝5,960kg

当月消費高（仕掛品）　1,200円/kg×5,960kg＝7,152,000円

2．仕掛品勘定

月初有高　4,800円/個×200個＋2,100円/個×200個×0.5＝1,170,000円

当月完成高（製品）　(4,800円/個＋2,100円/個)×1,500個＝10,350,000円

月末有高　4,800円/個×150個＋2,100円/個×150個×0.4＝846,000円

材料消費数量差異

材料標準消費量　(1,500個＋150個－200個)×４kg＝5,800kg

1,200円/kg×(5,960kg－5,800kg)＝192,000円

加工費予算差異

加工費変動予算額　450円/時間×2,980時間＋1,800,000円＝3,141,000円

3,224,000円－3,141,000円＝83,000円

加工費能率差異

標準直接作業時間　(1,500個＋150個×0.4－200個×0.5)×２時間
＝2,920時間

1,050円/時間×(2,980時間－2,920時間)＝63,000円

加工費不働能力差異

基準操業度　1,800,000円÷(1,050円/時間－450円/時間)＝3,000時間

600円/時間×(3,000時間－2,980時間)＝12,000円

練習問題 9－2

問1

仕　掛　品

月初有高	(283,920)	当月完成高	(3,640,000)
直接材料費	(1,220,900)	月末有高	(171,600)
直接労務費	(593,800)	原価差異	(207,120)
製造間接費	(1,920,100)		
	(4,018,720)		(4,018,720)

〔差異分析表〕

直接材料費	価格差異	46,900円（不）	数量差異	50,800円（不）
直接労務費	賃率差異	28,200円（不）	時間差異	160円（有）
製造間接費	予算差異	12,400円（有）	変動費能率差異	25,300円（不）
	固定費能率差異	40,480円（不）	不働能力差異	28,000円（不）

問2

仕　掛　品

月初有高	(273,000)	当月完成高	(3,640,000)
直接材料費	(1,220,900)	月末有高	(165,000)
直接労務費	(593,800)	原価差異	(202,800)
製造間接費	(1,920,100)		
	(4,007,800)		(4,007,800)

〔差異分析表〕

直接材料費	価格差異	46,900円（不）	数量差異	46,000円（不）
	減損差異	3,200円（不）		
直接労務費	賃率差異	28,200円（不）	時間差異	2,400円（有）
	減損差異	1,600円（不）		
製造間接費	予算差異	12,400円（有）	変動費能率差異	22,500円（不）
	固定費能率差異	36,000円（不）	減損差異	5,200円（不）
	不働能力差異	28,000円（不）		

解 説

問 1

1．標準原価カード

直接材料費	83.2g	5円/g	416円
直接労務費	10.4分	20円/分	208円
製造間接費	52分	13円/分	676円
		合計	1,300円

2．仕掛品勘定

(1) 月初有高

@416円×300個＋(@208円＋@676円)×300個×0.6＝283,920円

(2) 当月完成高

@1,300円×2,800個＝3,640,000円

(3) 月末有高

@416円×200個＋(@208円＋@676円)×200個×0.5＝171,600円

3．差異分析表

(1) 直接材料費差異

価格差異　1,220,900円－5円/g×234,800g＝46,900円（不）

直接材料標準消費量　(2,800個＋200個－300個)×83.2g＝224,640g

数量差異　5円/g×(234,800g－224,640g)＝50,800円（不）

(2) 直接労務費差異

賃率差異　593,800円－20円/分×28,280分＝28,200円（不）

標準直接作業時間　(2,800個＋200個×0.5－300個×0.6)×10.4分/個

＝28,288分

時間差異　20円/分×(28,280分－28,288分)＝－160円（有）

(3) 製造間接費差異

1分当たり変動製造間接費　13円/分－1,200,000円÷150,000分

＝5円/分

予算差異　1,920,100円－(5円/分×146,500分＋1,200,000円)

＝－12,400円（有）

標準機械稼働時間　(2,800個＋200個×0.5－300個×0.6)×52分

＝141,440分

変動費能率差異　5円/分×(146,500分－141,440分)＝25,300円（不）

固定費率　1,200,000円÷150,000分＝8円/分

固定費能率差異　8円/分×(146,500分－141,440分)＝40,480円（不）

不働能力差異　8円/分×(150,000分－146,500分)＝28,000円（不）

問2

1．標準原価カード

直接材料費	80g	5円/g	400円
直接労務費	10分	20円/分	200円
製造間接費	50分	13円/分	650円
			1,250円
正常減損費			50円
		合計	1,300円

2．仕掛品勘定

(1) 月初有高

@400円×300個＋(@200円＋@650円)×300個×0.6＝273,000円

(2) 当月完成高

@1,300円×2,800個＝3,640,000円

(3) 月末有高

@400円×200個＋(@200円＋@650円)×200個×0.5＝165,000円

3．差異分析表

(1) 直接材料費差異

価格差異　1,220,900円－5円/g×234,800g＝46,900円（不）

標準的な減損量に対する直接材料標準消費量

(2,800個×1.04＋200個－300個)×80g/個＝224,960g

実際の減損量に対する直接材料標準消費量

(2,800個＋120個＋200個－300個)×80g＝225,600g

数量差異　5円/g×(234,800g－225,600g)＝46,000円（不）

減損差異　5円/g×(225,600g－224,960g)＝3,200円（不）

⑵　直接労務費差異

賃率差異　593,800円－20円/分×28,280分＝28,200円（不）

標準的な減損量に対する標準直接作業時間

(2,800個×1.04＋200個×0.5－300個×0.6)×10分/個＝28,320分

実際の減損量に対する標準直接作業時間

(2,800個＋120個＋200個×0.5－300個×0.6)×10分/個＝28,400分

時間差異　20円/分×(28,280分－28,400分)＝－2,400円（有）

減損差異　20円/分×(28,400分－28,320分)＝1,600円（不）

⑶　製造間接費差異

予算差異　1,920,100円－(５円/分×146,500分＋1,200,000円)

＝－12,400円（有）

標準的な減損量に対する標準機械稼働時間

(2,800個×1.04＋200個×0.5－300個×0.6)×50分/個＝141,600分

実際の減損量に対する標準機械稼働時間

(2,800個＋120個＋200個×0.5－300個×0.6)×50分/個＝142,000分

変動費能率差異　５円/分×(146,500分－142,000分)＝22,500円（不）

固定費能率差異　８円/分×(146,500分－142,000分)＝36,000円（不）

減損差異　13円/分×(142,000分－141,600分)＝5,200円（不）

不働能力差異　８円/分×(150,000分－146,500分)＝28,000円（不）

練習問題 10−1

問1

① 本社

	借方科目	金額	貸方科目	金額
(1)	内部材料売上原価	20,000	買掛金	20,000
	工場	22,000	内部材料売上	22,000
(2)	仕訳なし			
(3)	工場	13,000	未払賃金・給料	13,000
(4)	未払賃金・給料	12,000	現金	10,500
			預り金	1,500
(5)	仕訳なし			
(6)	仕訳なし			
(7)	製品	25,200	工場	25,200
(8)	売上原価	18,900	製品	18,900
	売掛金	21,000	売上	21,000

② 工場

	借方科目	金額	貸方科目	金額
(1)	材料	22,000	本社	22,000
(2)	仕掛品	16,500	材料	19,800
	製造間接費	3,300		
(3)	仕掛品	8,000	賃金・給料	13,000
	製造間接費	5,000		
	賃金・給料	13,000	本社	13,000
(4)	仕訳なし			
(5)	仕掛品	11,000	製造間接費	11,000
(6)	製品	30,000	仕掛品	30,000
(7)	内部製品売上原価	24,000	製品	24,000
	本社	25,200	内部製品売上	25,200
(8)	仕訳なし			

問 2

材料在庫の内部利益	200円
製品在庫の内部利益	300円

解 説

問 2

材料在庫の内部利益

材料在庫高　22,000円－19,800円＝2,200円

内部利益　2,200円÷(0.1/1.1)＝200円

製品在庫の工場が付した内部利益

製品在庫高　25,200円－18,900円＝6,300円

内部利益　6,300円÷(0.05/1.05)＝300円

・日商簿記検定試験の概要

・商工会議所簿記検定試験出題区分表

※2024年２月現在。最新の情報は日本商工会議所のホームページでご確認下さい。

日商簿記検定試験の概要

● 各級のレベルと合格基準

1級：公認会計士，税理士などの国家資格への登竜門。合格すると税理士試験の受験資格が得られる。極めて高度な商業簿記・会計学・工業簿記・原価計算を修得し，会計基準や会社法，財務諸表等規則などの企業会計に関する法規を踏まえて，経営管理や経営分析ができる。

2級：経営管理に役立つ知識として，最も企業に求められる資格の1つ。企業の財務担当者に必須。高度な商業簿記・工業簿記（初歩的な原価計算を含む）を修得し，財務諸表の数字から経営内容を把握できる。

3級：ビジネスパーソンに必須の基礎知識。経理・財務担当以外でも，職種にかかわらず評価する企業が多い。基本的な商業簿記を修得し，経理関連書類の適切な処理や青色申告書類の作成など，初歩的な実務がある程度できる。

初級：簿記の基本用語や複式簿記の仕組みを理解し，業務に利活用することができる。

原価計算初級：原価計算の基本用語や原価と利益の関係を分析・理解し，業務に利活用することができる。

	科　　目	問 題 数	試験時間
1　　級	商業簿記・会計学		90分
	工業簿記・原価計算		90分
2　　級	商業簿記 工業簿記（初歩的な原価計算を含む）	5題以内	90分
3　　級	商業簿記	3題以内	60分
初　　級			40分
原価計算初級			40分

● 合格基準

各級とも100点満点中，70点以上の得点で合格となります。70点以上得点した人は全員合格となりますが，1級だけは1科目25点満点となっており，1科目でも得点が40％に満たない科目がある場合，不合格となります。

● 受験のしかた

統一試験（1～3級）：試験は例年，6月上旬，11月中旬，2月下旬の日曜日に一斉に行われますが，各商工会議所ごとに受験申込期間が異なります。

ネット試験（2級・3級）：インターネットを介して試験の実施から採点，合否判定までを，ネット試験会場で毎日実施。申込みは専用ページ（https://cbt-s.com/examinee/examination/jcci.html）からできます。

ネット試験（初級・原価計算初級）：インターネットを介して試験の実施から採点・合否判定まで行う「ネット試験」で施行。試験日等の詳細は，最寄りの商工会議所ネット試験施行機関にお問い合わせください。

団体試験（２級・３級）：企業や教育機関からの申請にもとづき，当該企業の社員・当該教育機関の学生等を対象に施行。具体的な施行人数は，地元の商工会議所にお問い合わせください。

● 受験料

１級8,800円　２級5,500円　３級3,300円　初級2,200円　原価計算初級2,200円

※２級・３級のネット試験については，事務手数料550円が別途かかります。

● 受験に際しての諸注意事項

統一試験およびネット試験では，いくつかの注意事項が設けられています。そのため，詳細については受験前に商工会議所の検定ホームページ（http://www.kentei.ne.jp）にてご確認ください。

● 合格発表（１～３級）

統一試験（１～３級）：合格発表の期日や方法，合格証書の受け渡し方法等は，各地商工会議所（初級は試験施行機関）によって異なります。申し込みの際にご確認ください。

ネット試験（２級・３級）：試験終了後に試験システムにより自動採点されて合否が判定されます。合格者はQRコードからデジタル合格証を，ご自身のスマートフォン等にダウンロードすることができます。

● 日商試験の問い合わせ

１～３級の統一試験は各地商工会議所が各々主催という形をとっており，申込期日や実施の有無もそれぞれ若干異なりますので，受験される地区の商工会議所に各自問い合わせてください。さらなる詳細に関しては，検定ホームページ（https://www.kentei.ne.jp）や検定情報ダイヤル（ハローダイヤル）：050-5541-8600（年内無休９：00～20：00）でご確認ください。

商工会議所簿記検定試験出題区分表

（昭和34年９月１日　　制定
令和３年12月10日最終改定
（令和４年４月１日　　施行））

（注）１．特に明示がないかぎり，同一の項目または範囲については，級の上昇に応じて程度も高くなるものとする。点線は上級に属する関連項目または範囲を特に示したものである。

２．※印は，本来的にはそれが表示されている級よりも上級に属する項目または範囲とするが，当該下級においても簡易な内容のものを出題する趣旨の項目または範囲であることを示す。

【工業簿記・原価計算】

２　級	１　級
第一　工業簿記の本質 １．工業経営の特質 ２．工業経営における責任センター ３．工業簿記の特色 ４．工業簿記と原価計算 ５．原価計算基準 ６．工業簿記の種類 ア．完全工業簿記 イ．商的工業簿記	
第二　原　価 １．原価の意義 ア．原価の一般概念 ウ．原価計算基準の原価 ２．原価の要素，種類，態様 ア．材料費，労務費，経費 イ．直接費と間接費 ウ．製造原価，販売費，一般管理費，総原価 エ．実際原価，予定原価（見積原価，標準原価） オ．変動費と固定費	イ．支出原価と機会原価

2　　　級	1　　　級
キ．製品原価と期間原価 ク．全部原価と直接（変動）原価 3．非原価項目	カ．管理可能費と管理不能費 ケ．特殊原価概念
第三　原価計算 1．原価計算の意義と目的 2．原価計算の種類と形態 ア．原価計算制度 イ．製造原価計算，営業費計算，総原価計算 ウ．実際原価計算と予定原価計算（見積原価計算，標準原価計算） エ．個別原価計算と総合原価計算 オ．全部原価計算と直接原価計算 3．原価計算の手続 ア．費目別計算 イ．部門別計算 ウ．製品別計算 4．原価（計算）単位 5．原価計算期間	特殊原価調査（ア．原価計算制度に対応）
第四　工業簿記の構造 1．勘定体系 2．帳簿組織 3．決算手続 4．財務諸表	
第五　材料費計算 1．材料費の分類 2．材料関係の証ひょうおよび帳簿 3．購入価額（副費の予定計算を含む） 4．消費量の計算 5．消費単価の計算（予定価格による計算を含む） 6．期末棚卸高の計算	棚卸減耗費の引当金処理（6．期末棚卸高の計算に対応）

2　級	1　級
第六　労務費計算	
1．労務費の分類	
2．賃金関係の証ひょうおよび帳簿	
3．作業時間および作業量の計算	
4．消費賃金の計算（予定賃率による計算を含む）	
5．支払賃金，給料の計算	
第七　経費計算	
1．経費の分類	
2．経費関係の証ひょうおよび帳簿	
3．経費の計算	複合費の計算
第八　製造間接費計算	
1．製造間接費の分類	
2．製造間接費関係の証ひょうおよび帳簿	
3．固定予算と変動予算	
4．製造間接費の製品への配賦（予定配賦を含む）	
5．配賦差額の原因分析	
6．配賦差額の処理	
ア．売上原価加減法	
	イ．営業外損益法
	ウ．補充率法
	エ．繰延法
第九　部門費計算	
1．部門費計算の意義と目的	
2．原価部門の設定	
3．部門個別費と部門共通費	
4．部門費の集計	
5．補助部門費の製造部門への配賦	
ア．直接配賦法	
イ．相互配賦法	純粋の相互配賦法
	ウ．階梯式配賦法
	エ．複数基準配賦法
オ．実際配賦と予定配賦	

2　級	1　級
第十　個別原価計算	
1．個別原価計算の意義	
2．製造指図書と原価計算表	
3．個別原価計算の方法と記帳	
4．仕損費の計算	
ア．補修指図書を発行する場合	
	イ．代品の製造指図書を発行する場合
	ウ．補修または代品の指図書を発行しない場合
5．仕損費の処理	
ア．当該指図書に賦課する方法	
	イ．間接費とし，仕損の発生部門に賦課する方法
	6．作業屑の処理
第十一　総合原価計算	
1．総合原価計算の意義	
2．総合原価計算の種類	
3．単純総合原価計算の方法と記帳	
4．等級別総合原価計算の方法と記帳	
5．組別総合原価計算の方法と記帳	
6．総合原価計算における完成品総合原価と期末仕掛品原価の計算	
ア．平均法	
イ．（修正）先入先出法 ------	純粋先入先出法
7．工程別総合原価計算	
ア．工程別総合原価計算の意義と目的	
イ．全原価要素工程別総合原価計算の方法と記帳（累加法） ------	（非累加法）
	ウ．加工費工程別総合原価計算の方法と記帳
8．正常仕損費と正常減損費の処理（度外視法） ------	（非度外視法）
	9．異常仕損費と異常減損費の処理
	10．副産物の処理と評価

2　　　級	1　　　級
	11. 連産品の計算
第十二　標準原価計算 　1．標準原価計算の意義と目的 　2．標準原価計算の方法と記帳 　　ア．パーシャル・プラン 　　ウ．シングル・プラン 　3．標準原価差額の原因分析 　4．標準原価差額の会計処理 　　ア．売上原価加減法	 　イ．修正パーシャル・プラン 　エ．減損と仕損 　オ．配合差異と歩留差異 　イ．営業外損益法 　ウ．補充率法 　エ．繰延法 5．標準の改訂
第十三　原価・営業量・利益関係の分析 　1．損益分岐図表 　2．損益分岐分析の計算方法	 3．CVP の感度分析 4．多品種製品の CVP 分析 5．全部原価計算の損益分岐分析
第十四　原価予測の方法 　1．費目別精査法 　2．高低点法	 3．スキャッター・チャート法 4．回帰分析法
第十五　直接原価計算 　1．直接原価計算の意義と目的 　2．直接原価計算の方法と記帳 　3．固定費調整	 4．直接標準原価計算 5．価格決定と直接原価計算 6．直接原価計算とリニアー・プログラミング 7．事業部の業績測定

2　　　級	1　　　級
第十六　製品の受払い 　1．製品の受入れと記帳 　2．製品の販売と記帳	
第十七　営業費計算 　1．営業費の意義 　2．営業費の分類と記帳	3．営業費の分析
第十八　工場会計の独立※	
	第十九　差額原価収益分析 　1．業務的意思決定の分析 　2．構造的意思決定の分析 　　ア．資本予算の意義と分類 　　イ．設備投資の意思決定モデル 　　ウ．設備投資のキャッシュ・フロー予測 　　エ．資本コストと資本配分
	第二十　戦略の策定と遂行のための原価計算 　1．ライフサイクル・コスティング 　2．品質原価計算 　3．原価企画・原価維持・原価改善 　4．活動基準原価計算

付　録

簿記検定試験　１級／工 業 簿 記

問題・解答・解説

（１級原価計算の問題・解答・解説は，下巻に収録しています）

〔日本商工会議所掲載許可済―禁無断転載〕

＊　ここには日本商工会議所主催の簿記検定試験，最近の問題・解答と解説を収録してあります。なお，この解答例は，当社編集部で作成したものです。

2024年度簿記検定試験施行予定日

第166回簿記検定試験　　2024年６月９日〈１～３級〉

第167回簿記検定試験　　2024年11月17日〈１～３級〉

第 162 回 （2022年11月20日施行）

（制限時間　原価計算とともに１時間30分）
注：解答はすべて答案用紙に記入して下さい。

問題（25点）

N 社は製品 X と製品 Y を製造販売している。工場には２つの製造部門（A 製造部門，B 製造部門）と３つの補助部門（材料倉庫部，生産技術部，工場管理部）がある。

原価計算の方法としては部門別計算を行い，補助部門費の配賦（部門費の第２次集計）は直接作業時間を配賦基準とした直接配賦法を採用している。各製造部門製造間接費の製品への配賦は，直接労務費を配賦基準としている。次の［資料Ⅰ］にもとづき，下記の**問**に答えなさい。

［資料Ⅰ］

1．当期の部門別製造費用予算

（単位：千円）

	A 製造部門	B 製造部門	材料倉庫部	生産技術部	工場管理部
製造直接費					
直接材料費	25,000	14,400	−	−	−
直接労務費	4,875	2,378	−	−	−
製造間接費	1,276.8	1,220.2	1,856	1,740	1,160

2．当期の製品別計画生産販売数量，単位当たり予定直接材料費と予定直接作業時間

	製品 X	製品 Y
予定生産販売数量	6,000個	500個
単位当たり直接材料費	6,400円/個	2,000円/個
A 製造部門単位当たり直接作業時間	0.6時間/個	0.3時間/個
B 製造部門単位当たり直接作業時間	0.3時間/個	0.5時間/個

注）　直接作業時間には段取作業時間は含まれていない。

3．計算条件

① 配賦率が割り切れない場合，計算の途中ではなく最終段階（たとえば**問2**では製品Xと製品Yへの製造間接費配賦額を答える段階）で小数点以下第4位（円未満）を四捨五入すること。

② 製品単位当たり製造原価は，割り切れない場合，円未満を四捨五入すること。

問1 補助部門費配賦後のA製造部門製造間接費とB製造部門製造間接費を求めなさい。

問2 製品Xと製品Yへの製造間接費配賦額を求めなさい。

問3 製品Xと製品Yの製造直接費を求めなさい。

問4 製品Xと製品Yの単位当たり製造原価を求めなさい。

N社はコスト・プラスの価格設定方式を採用している。各製品の単位当たり製造原価にマージンを加えて，製品Xを10,820円，製品Yを4,925円で販売しようとしたがライバル会社の製品価格と比べたところ，当社の製品Yの価格が非常に安いことがわかった。そのため社長は，コスト・プラス方式のコスト，すなわち製品単位当たり製造原価のうち製造間接費の配賦額に疑問を抱き，原価計算担当者に活動基準原価計算を用いた場合の製品別単位当たり製造原価の計算を命じた。次の［資料Ⅱ］にもとづき，下記の問に答えなさい。なお，製品Xと製品Yの予定生産販売数量は［資料Ⅰ］2．と等しい。

［資料Ⅱ］

1．製造間接費のコスト・プール

製造部門における間接作業と補助部門における業務活動の分析をしたところ，製造間接費は次の6つのコスト・プールに分けられることがわかった。

（単位：千円）

コスト・プール	製造間接費
機械作業活動	1,803
段取活動	1,040
工程改善活動	1,400
購入部品の発注・検収活動	970
材料の払出・運搬活動	880
管理活動	1,160
合　　計	※　7,253

※［資料Ⅰ］1．部門別製造間接費合計と等しい

2．製品別のコスト・ドライバー

コスト・ドライバーを調べた結果，次の通りになることが推定された。なお，管理活動コスト・プールには適切な基準がないので，直接作業時間を配賦基準とする。？は各自計算すること。

	製品X	製品Y
機械運転時間	2,506時間	1,100時間
段取時間	80時間	50時間
工程設計時間	60時間	40時間
購入部品の発注回数	71回	26回
材料運搬回数	52回	36回
直接作業時間	？	？

3．計算条件

① 配賦率が割り切れない場合，計算の途中ではなく最終段階で小数点以下第4位（円未満）を四捨五入すること。

② 製品単位当たり製造原価は，割り切れない場合，円未満を四捨五入すること。

問5 製品Xと製品Yへの製造間接費配賦額を求めなさい。

問6 製品Xと製品Yの単位当たり製造原価を求めなさい。なお，製造直接費は**問3**と同額である。

〔答案用紙〕

問1　A製造部門製造間接費　（　　　　　　　）千円
　　　B製造部門製造間接費　（　　　　　　　）千円

問2　製品Xへの製造間接費配賦額（　　　　　　　）千円
　　　製品Yへの製造間接費配賦額（　　　　　　　）千円

問3　製品Xの製造直接費　（　　　　　　　）千円
　　　製品Yの製造直接費　（　　　　　　　）千円

問4　製品Xの単位当たり製造原価（　　　　　　　）円
　　　製品Yの単位当たり製造原価（　　　　　　　）円

問5　製品Xへの製造間接費配賦額（　　　　　　　）千円
　　　製品Yへの製造間接費配賦額（　　　　　　　）千円

問6　製品Xの単位当たり製造原価（　　　　　　　）円
　　　製品Yの単位当たり製造原価（　　　　　　　）円

解答

問1	A製造部門製造間接費	(4,351.8) 千円
	B製造部門製造間接費	(2,901.2) 千円
問2	製品Xへの製造間接費配賦額	(6,725.123) 千円
	製品Yへの製造間接費配賦額	(527.877) 千円
問3	製品Xの製造直接費	(45,168) 千円
	製品Yの製造直接費	(1,485) 千円
問4	製品Xの単位当たり製造原価	(8,649) 円
	製品Yの単位当たり製造原価	(4,026) 円
問5	製品Xへの製造間接費配賦額	(5,043) 千円
	製品Yへの製造間接費配賦額	(2,210) 千円
問6	製品Xの単位当たり製造原価	(8,369) 円
	製品Yの単位当たり製造原価	(7,390) 円

解答

問1

補助部門費の合計額＝1,856千円＋1,740千円＋1,160千円＝4,756千円

	製品X	製品Y	
A製造部門の直接作業時間	6,000個×0.6＝3,600	500個×0.3＝150	3,750
B製造部門の直接作業時間	6,000個×0.3＝1,800	500個×0.5＝250	2,050
			5,800時間

配賦率　4,756千円÷5,800時間＝820円/時間

A製造部門への製造間接費配賦額　820円×3,750時間＝3,075千円

B製造部門への製造間接費配賦額　820円×2,050時間＝1,681千円

補助部門費配賦後の部門別製造間接費

A製造部門製造間接費　3,075千円＋1,276.8千円＝4,351.8千円

B製造部門製造間接費　1,681千円＋1,220.2千円＝2,901.2千円

問2　各製造部門製造間接費の製品への配賦は，直接労務費を配賦基準とする。

A製造部門費

賃率　4,875千円÷3,750時間＝1,300円/時

製品X　4,351.8千円÷4,875千円×1,300円/時×3,600時間≒4,177,727.999円

製品Y　4,351.8千円÷4,875千円×1,300円/時×150時間≒174,071.99円

B製造部門費

賃率　2,378千円÷2,050時間＝1,160円/時

製品X　2,901.2千円÷2,378千円×1,160円/時×1,800時間≒2,547,395.12円

製品Y　2,901.2千円÷2,378千円×1,160円/時×250時間≒353,804.87円

製品Xへの配賦額　4,177.728千円＋2,547.395千円＝6,725.123千円

製品Yへの配賦額　174.072千円＋353.805千円＝527.877千円

問3

直接材料費：製品X　6,000個×6,400円/個＝38,400千円

製品Y　500個×2,000円/個＝1,000千円

直接労務費：製品X　1,300円/時×3,600時間＋1,160円×1,800時間＝6,768千円

製品Y　1,300円/時×150時間＋1,160円×250時間＝485千円

製造直接費：

製品X　38,400千円＋6,768千円＝45,168千円

製品Y　1,000千円＋485千円＝1,485千円

問4　製品X　(45,168千円＋6,725.123千円)÷6,000個≒8,649円
製品Y　(1,485千円＋527.877千円)÷500個≒4,026円

問5

		X	Y	配賦率	X	Y
機械作業活動	1,803,000	2,506	1,100	500	1,253,000	550,000
段取活動	1,040,000	80	50	8,000	640,000	400,000
工程改善活動	1,400,000	60	40	14,000	840,000	560,000
購入部品の発注・検収活動	970,000	71	26	10,000	710,000	260,000
材料の払出・運搬活動	880,000	52	36	10,000	520,000	360,000
管理活動	1,160,000	(※1)5,400	(※2)400	200	1,080,000	80,000
	7,253,000				5,043,000	2,210,000

(※1)　6,000個×0.6時間/個＋6,000個×0.3時間/個＝5,400時間
(※2)　500個×0.3時間/個＋500個×0.5時間/個＝400時間

問6

製品X　(45,168千円＋5,043千円)÷6,000個≒8,369円
製品Y　(1,485千円＋2,210千円)÷500個＝7,390円

第 164 回（2023年6月11日施行）

（制限時間　原価計算とともに1時間30分）
注：解答はすべて答案用紙に記入して下さい。

問題（25点）

第1問

次の文章の（　　　　）に当てはまる最も適切な言葉を以下の<語群>から選び記号で答えなさい。

- 未完成品の原価計算票（表）をファイルしたものを（　　1　　）元帳という。
- 完成品の原価計算票（表）をファイルしたものを（　　2　　）元帳という。
- 材料カードをファイルしたものを（　　3　　）元帳という。
- ある材料の実際消費量を（　　4　　）法で把握してもその材料が特定製品にしか使われていないことがわかっているのであれば，その製品に賦課する原価を計算できる。
- わが国では，段取時間は，（　　5　　）に含められ，段取費は（　　6　　）に含められることが多い。そのため，自働化されて直接工の加工時間がほとんど必要のない場合でも，（　　5　　）が生じる場合がある。

<語群>

ア　継続記録	イ　平均	ウ　先入先出	エ　売上品	オ　製品
カ　原価（製造）	キ　材料	ク　出庫	ケ　半製品	コ　加工時間
サ　直接作業時間	シ　手待時間	ス　間接作業時間	セ　直接材料費	
ソ　直接労務費	タ　直接経費	チ　製造間接費	ツ　活動原価	
テ　コストプール	ト　機会原価	ナ　棚卸計算		

第2問

当社は全部原価計算を採用している。各期の［財務データ］と［生産・販売データ］は以下のとおりである。［財務データ］については，第1期から第4期まで変わらない。以下の**問**に答えなさい。

[資料]

[財務データ]

販売単価	4,000円
単位当たり標準製造変動費	1,500円
製造固定費予算総額	12,000,000円（1期分）
正常作業時間	24,000時間（1期分）
販売費および一般管理費	3,200,000円（すべて固定費：1期分）

1個当たりの標準作業時間は2時間である。

[生産・販売データ]

	第1期	第2期	第3期	第4期
期首有高	0個	?	?	?
実際生産量	12,000個	11,000個	10,000個	9,500個
実際販売量	10,000個	10,000個	10,000個	10,000個

原価差異は操業度差異だけであるとする。その他の差異は発生しなかった。原価差異は，各期ごとに，売上原価に対して調整するものとする。

なお，期首・期末の仕掛品は存在しないものとする。

問1　[資料] の条件にしたがい，全部原価計算方式で第1期の営業利益を計算しなさい。

問2　[資料] の条件にしたがい，直接原価計算方式で第1期の営業利益を計算しなさい。

問3　次の文章の（　　　　）の中に適切な数字または言葉を入れなさい。エ，キ，ケ，サはいずれか適切な方を○で囲みなさい。

(1)　第2期を例にとると，期首と比べて期末の製品在庫は（　ア　）個増えている。本問題の条件では，製品1個当たりの標準製造固定費は（　イ　）円である。第2期における全部原価計算方式の営業利益の方が直接原価計算方式の営業利益より，（　ウ　）円だけ（　エ　大きい　小さい　）。（　ウ　）円は，（　ア　）個×（　イ　）円にて計算することができる。全部原価計算では，製品在庫の増加分にも製造固定費が配分され，その分，当期の売上原価が少なくなり，製品在庫増加分に配分された固定費は，期末の棚卸資産として次期に繰り延べられる。この在庫増加分に配分される固定費は，直接原価計算では，製品原価には含められず，当期の製造固定費として期間原価となる。

(2)　第4期の場合，期首と比べて期末の製品在庫は（　オ　）個減っている。第4期においては，全部原価計算方式の営業利益の方が直接原価計算方式の営業利益より，（　カ　）円だけ（　キ　大きい　小さい　）。

（　　カ　　）円は，（　　オ　　）個×（　　イ　　）円にて計算することができる。全部原価計算では，期中に製品在庫が減った分だけ，期首の製品在庫が使われ，その中に含まれる前期の固定費の一部が，当期の売上原価に追加されるようになる。

(3) もし第3期において実際生産量が10,000個ではなく，12,000個であった場合，他の条件に変化がなければ，全部原価計算の利益は（　　ク　　）円だけ（　ケ　増加する　　減少する　）。この金額は，第3期における（　　コ　　）の金額と同じである。全部原価計算では，（　　コ　　）は，売上原価に賦課されて，期間原価となるが，正常生産量いっぱい生産すると（　　コ　　）が発生せず，販売量が変わらないにもかかわらず増やした生産量はそのまま期末の在庫の増加となる。増加した在庫に製造固定費が配分され次期に繰り越される。

(4) 本問題よりわかるように，（　サ　全部原価計算　　直接原価計算　）の営業利益は，在庫変動の影響を受けないので，利益計画に適している。

〔答案用紙〕

第1問

1	
2	
3	
4	
5	
6	

第2問

問1　第1期全部原価計算の営業利益　＿＿＿＿＿＿＿　円

問2　第1期直接原価計算の営業利益　＿＿＿＿＿＿＿　円

問3

(ア)	
(イ)	
(ウ)	
(エ)	大きい　　小さい
(オ)	
(カ)	
(キ)	大きい　　小さい
(ク)	
(ケ)	増加する　　減少する
(コ)	
(サ)	全部原価計算　　直接原価計算

解答

第1問

1	カ
2	オ
3	キ
4	ナ
5	サ
6	ソ

第2問

問1　第1期全部原価計算の営業利益　11,800,000　円

問2　第1期直接原価計算の営業利益　98,000,000　円

問3

(ア)	1,000
(イ)	1,000
(ウ)	1,000,000
(エ)	(大きい)　小さい
(オ)	500
(カ)	500,000
(キ)	大きい　(小さい)
(ク)	2,000,000
(ケ)	(増加する)　減少する
(コ)	操業度差異
(サ)	全部原価計算　(直接原価計算)

解説

第1問

1．未完成品にたいする原価計算票がファイルされている補助元帳は原価元帳である。原価元帳は，製造元帳ということもある。

2．完成品にたいする原価計算票がファイルされている補助元帳は製品元帳である。

3．材料カードがファイルされている補助元帳は，材料元帳である。

4．棚卸計算法により材料の消費量を把握しているということは材料の出入り記録を行っていないということであり，その場合，特定材料品目の期間的実際消費量は差し引きで計算できる。しかし，それがどの製品のための消費かはわからない。どの製品にたいする消費かを明確にするには出庫票により払出を把握する必要があり，出入り管理のために継続記録法を採用する必要がある。

5．わが国では，段取時間は加工時間とともに直接作業時間としてとらえるのが一般的である。したがって，製造間接費ではなく直接労務費となる。この点，米国のように段取工がいて，段取費を製造間接費とするのとは異なる。

第2問

製造固定費予算が12,000,000円で，正常作業時間が24,000時間であるので正常配賦率は1時間当たり500円である。製品を1つ作るのに2時間を要するので，1個当たりの固定費は1,000円である。1個当たりの標準変動原価は1,500円なので，全部原価の1個当たり原価標準は，2,500円である。

第1期から第4期まで，すべてを全部原価計算方式と直接原価計算方式で計算すれば以下のようになる。

全部原価計算方式

	第1期	第2期	第3期	第4期
売上高	40,000,000	40,000,000	40,000,000	40,000,000
差引：売上原価				
期首製品有高	0	5,000,000	7,500,000	7,500,000
当期完成品製造原価	30,000,000	27,500,000	25,000,000	23,750,000
計	30,000,000	32,500,000	32,500,000	31,250,000
期末製品有高	5,000,000	7,500,000	7,500,000	6,250,000
売上原価	25,000,000	25,000,000	25,000,000	25,000,000
製造間接費配賦差額	0	1,000,000	2,000,000	2,500,000
修正売上原価	25,000,000	26,000,000	27,000,000	27,500,000
売上総利益	15,000,000	14,000,000	13,000,000	12,500,000

差引：販売費および一般管理費	3,200,000	3,200,000	3,200,000	3,200,000
営業利益	11,800,000	10,800,000	9,800,000	9,300,000

直接原価計算方式

	第１期	第２期	第３期	第４期
売上高	40,000,000	40,000,000	40,000,000	40,000,000
売上原価：				
期首有高	0	3,000,000	4,500,000	4,500,000
当期完成品変動製造原価	18,000,000	16,500,000	15,000,000	14,250,000
計	18,000,000	19,500,000	19,500,000	18,750,000
期末製品有高	3,000,000	4,500,000	4,500,000	3,750,000
変動売上原価	15,000,000	15,000,000	15,000,000	15,000,000
貢献利益	25,000,000	25,000,000	25,000,000	25,000,000
差引：固定費				
製造固定費	12,000,000	12,000,000	12,000,000	12,000,000
固定販売費および一般管理費	3,200,000	3,200,000	3,200,000	3,200,000
固定費計	15,200,000	15,200,000	15,200,000	15,200,000
営業利益	9,800,000	9,800,000	9,800,000	9,800,000

問１・問２

問１と問２で求められているのは，第１期の営業利益のみなので，次のように計算すれば簡単に計算できる。全部原価計算の場合は操業度差異が出た場合には，売上原価に賦課する必要があるが，第１期の場合には，正常生産量で稼働しており，操業度差異は生じない。

第１期　全部原価計算方式

売上高（4,000円×10,000個）－売上原価（2,500円×10,000個）－販売費・一般管理費3,200,000円＝40,000,000円－25,000,000円－3,200,000円＝11,800,000円

第１期直接原価計算方式

売上高（4,000円×10,000個）－変動売上原価（1,500円×10,000個）－製造固定費12,000,000円－販売費・一般管理費3,200,000円

＝40,000,000円－15,000,000円－12,000,000円－3,200,000円＝9,800,000円

問3

全部原価計算と直接原価計算の営業利益の差がどのようにして生み出されるかを考える問題である。

(1) 第2期の場合の全部原価計算と直接原価計算の営業利益の差について考える。

第2期の期首の在庫は2,000個，期末の在庫は3,000個なので，第2期の間に，製品在庫が1,000個増加する。

1,000個×1,000円＝1,000,000円だけ全部原価計算の営業利益が大きくなる。

(2) 第4期の場合は，期首の在庫は3,000個，期末の在庫は2,500個であるので，第4期の間に，製品在庫が500個減少する。

500個×1,000円＝500,000円だけ直接原価計算の営業利益が大きくなる。

(3) 第3期は，販売した量だけ生産しているので，期中に製品在庫の変動はない。もし，第3期に，需要量を超えて，正常生産量だけ生産したらどのようになるかを考える。第3期は，10,000個生産なので，2,000個だけ正常生産量を下回っており，これが操業度差異を発生させている。操業度差異は，2,000個×1,000円＝2,000,000円である。操業度差異は，売上原価に賦課され期間原価になる。正常生産量いっぱい生産をすると，操業度差異は発生しなくなるが，2,000個分の不要な製品が製造され，これが次期に繰り延べられる。その金額は，操業度差異と同じであり，2,000,000円である。

(4) 営業利益が在庫変動の影響を受けないのは直接原価計算である。

第 165 回 (2023年11月19日施行)

(制限時間　原価計算とともに1時間30分)
注：解答はすべて答案用紙に記入して下さい。

問題 (25点)

ニッショウ製紙の南大阪工場では，原料Aおよび原料Bを使用して，製品Xをロット別生産している。原価計算方式としてはシングル・プランの標準原価計算を採用している。原料は購入時に標準単価で受け入れており，購入原料価格差異を算出している。購入原料価格差異の会計処理は四半期末にのみ行う。当月は四半期の2か月目である。次の［資料］にもとづいて，下記の**問**に答えなさい。

[資料]

1．製品Xの原価標準

直接材料費			
原料A	150円/kg	×2.0kg	300円
原料B	80円/m^2	×2.5m^2	200
直接労務費	1,400円/時間	×0.1時間	140
製造間接費	2,600円/時間	×0.1時間	260
		合計	900円

2．当月の生産状況

ロット	118	119	120	121	122	123
生産量	400個	500個	200個	350個	650個	550個
着手月	前月 (80%)	前月 (50%)	当月	当月	当月	当月
完成月	当月	当月	当月	当月	当月	次月予定 (40%)

(注)　原料Aは工程の始点，原料Bは工程の60%の点で投入される。(　　)内は加工費進捗度を示す。

3．当月の原料記録

	月初在庫量	当月購入量	当月消費量	月末在庫量
原料A	3,220kg	5,500kg	3,580kg	5,140kg
原料B	1,360m^2	5,150m^2	4,010m^2	2,500m^2

原料Ａは２回に分けて購入しており，１回目は購入量3,100kg（実際購入単価230円/kg），２回目は購入量2,400kg（実際購入単価210円/kg）であった。

原料Ｂの購入は１回のみで，実際購入単価は85円/m^2であった。

４．直接労務費と製造間接費

実際直接作業時間　　179時間

実際直接労務費　　258,200円

製造間接費予算　　5,740,800円（年間）

変動費　2,649,600円　固定費　3,091,200円

基準操業度　　2,208時間（年間）※月間の固定費予算額，基準操業度は年間の値の１/12とする。

実際製造間接費　　464,000円

５．当月の販売状況

ロット	117	118	119	120	121	122
販売量	450個	400個	500個	200個	350個	650個
販売月	当月	当月	当月	当月	当月	次月予定
販売単価	1,420円	1,450円	1,520円	1,600円	1,580円	1,500円

（注）ロット117は前月完成したロットである。

問１　ロット別計算に関する以下の説明文の（　①　）～（　⑤　）に入る適切な金額を答えなさい。

ロット別計算では，ロット別に原価を集計していき，完成したロットの原価合計を完成品原価，未完成のロットの原価合計を仕掛品原価とする。

当月は，ロット118と119が月初仕掛品であった。ロット118の月初仕掛品原価のうち原料Ａ・直接材料費は（　①　）円，原料Ｂ・直接材料費は（　②　）円であった。直接労務費と製造間接費については加工費進捗度が加味され，ロット118の直接労務費は（　③　）円，製造間接費は（　④　）円であった。

なお，ロット119の月初仕掛品原価のうち原料Ａ・直接材料費は（　⑤　）円であったが，原料Ｂは月初時点では投入されていなかったため，原料Ｂ・直接材料費はゼロであった。

問２　答案用紙の仕掛品勘定を完成させなさい。

問３　答案用紙の差異一覧表を作成しなさい。なお，製造間接費の能率差異は変動費と固定費の両方から計算する。

問４　答案用紙の月次損益計算書を完成させなさい。なお，原価差異は，購入原料

価格差異を除いて，当月の売上原価に賦課する。

問5　以下の会話文の（　①　）～（　④　）に入る適切な語句または金額を答えなさい。

経理部長：原価会議をはじめましょう。当月の原価差異について報告してください。

原価計算担当者：はい。原料の消費数量差異は…（以下略。差異一覧表にもとづいて説明していく）。
当月の原価差異は以上となり，多額の原価差異は発生していませんので，月次損益計算書においてすべて売上原価に賦課しています。

経理部長：今の説明には購入原料価格差異が含まれていませんね。

原価計算担当者：購入原料価格差異は（　①　）部門の責任ということで，工場への原価報告には入れていませんでした。（　①　）部門には別途報告する予定です。

経理部長：原料価格が高騰していますので，購入原料価格差異の金額が気になりますね。

原価計算担当者：当月購入した原料から生じた購入原料価格差異は（　②　）円の（　③　）差異となりました。購入原料価格差異の会計処理は四半期末のみ行っています。「原価計算基準」にしたがって，（　④　）と（　④　）に配賦しています。

経理部長：会計処理はそれでいいのですが，これだけ大きな差異が出ていると，損益への影響が無視できませんね。これは経営判断や業績予測にも関わってきますので，私から経営会議に報告しておくことにします。

〔答案用紙〕

問1

①	円
②	円
③	円
④	円
⑤	円

問2

仕　掛　品

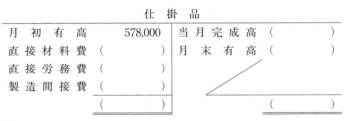

月初有高	578,000	当月完成高	(　　　)
直接材料費	(　　　)	月末有高	(　　　)
直接労務費	(　　　)		
製造間接費	(　　　)		
	(　　　)		(　　　)

問3

直接材料費差異	消費数量差異	円（借方・貸方）
直接労務費差異	賃率差異	円（借方・貸方）
	時間差異	円（借方・貸方）
製造間接費差異	予算差異	円（借方・貸方）
	能率差異	円（借方・貸方）
	操業度差異	円（借方・貸方）

※　差異が借方差異であるときは「借方」，貸方差異であるときは「貸方」を○で囲むこと。

問4

月次損益計算書		（単位：円）
売上高		（　　）
売上原価		
月初製品棚卸高	405,000	
当月製品製造原価	（　　）	
合計	（　　）	
月末製品棚卸高	（　　）	
差引	（　　）	
標準原価差異	15,000	（　　）
売上総利益		（　　）

問5

①	製造　　購買　　営業　　経理	適切なものを1つ○で囲むこと。
②	円	
③	借方　　貸方	適切なものを1つ○で囲むこと。
④	期首有高　当期購入高　当期消費高　期末有高	適切なものを2つ○で囲むこと。

解答

問1

①	120,000 円
②	80,000 円
③	44,800 円
④	83,200 円
⑤	150,000 円

問2

仕 掛 品

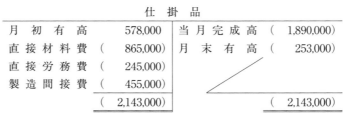

月初有高	578,000	当月完成高	(1,890,000)
直接材料費	(865,000)	月末有高	(253,000)
直接労務費	(245,000)		
製造間接費	(455,000)		
	(2,143,000)		(2,143,000)

問3

直接材料費差異	消費数量差異	7,200 円	(借方 ・ **〇貸方**)
直接労務費差異	賃率差異	7,600 円	(**〇借方** ・ 貸方)
	時間差異	5,600 円	(**〇借方** ・ 貸方)
製造間接費差異	予算差異	8,400 円	(借方 ・ **〇貸方**)
	能率差異	10,400 円	(**〇借方** ・ 貸方)
	操業度差異	7,000 円	(**〇借方** ・ 貸方)

※ 差異が借方差異であるときは「借方」，貸方差異であるときは「貸方」を○で囲むこと。

問4

月次損益計算書		(単位：円)
売上高		(2,852,000)
売上原価		
月初製品棚卸高	405,000	
当月製品製造原価	(1,890,000)	
合計	(2,295,000)	
月末製品棚卸高	(585,000)	
差引	(1,710,000)	
標準原価差異	15,000	(1,725,000)
売上総利益		(1,127,000)

問5

①	製造　(購買)　営業　経理	適切なものを1つ○で囲むこと。
②	417,750　円	
③	(借方)　貸方	適切なものを1つ○で囲むこと。
④	期首有高　当期購入高　(当期消費高)　(期末有高)	適切なものを2つ○で囲むこと。

解説

問１

原料Ａ

借方	貸方
月初仕掛品 900個	当月完成 2,100個
当月投入 1,750個	月末仕掛品 550個

原料Ｂ

借方	貸方
月初仕掛品 400個	当月完成 2,100個
当月投入 1,700個	月末仕掛品 0 個

加工費

借方	貸方
月初仕掛品 570個	当月完成 2,100個
当月投入 1,750個	月末仕掛品 220個

ロット118・月初有高

原料Ａ　@300円×400個＝120,000円…①

原料Ｂ　@200円×400個＝80,000円…②

直接労務費　@140円×400個×0.8＝44,800円…③

製造間接費　@260円×400個×0.8＝83,200円…④　合計　328,000円

ロット119・月初有高

原料Ａ　@300円×500個＝150,000円…⑤

直接労務費　@140円×500個×0.5＝35,000円

製造間接費　@260円×500個×0.5＝65,000円　合計　250,000円

問２

仕掛品・月初有高　328,000円＋250,000円＝578,000円

（標準）直接材料費　@300円×1,750個＋@200円×1,700個＝865,000円

（標準）直接労務費　@140円×1,750個＝245,000円

（標準）製造間接費　@260円×1,750個＝455,000円

当月完成高　@900円×2,100個＝1,890,000円

仕掛品・月末有高

@300円×550個＋@200円×０個＋（@140円＋@260円）×220個＝253,000円

問３

消費数量差異

原料Ａ　@150円×（3,580kg －@２kg ×1,750個）＝12,000円（借方差異）

原料Ｂ　@80円×（4,010m^2－@2.5m^2×1,700個）＝－19,200円（貸方差異）

合計　19,200円－12,000円＝7,200円（貸方差異）

賃率差異　258,200円－@1,400円×179時間＝7,600円（借方差異）

時間差異　@1,400円×（179時間－@0.1時間×1,750個）＝5,600円（借方差異）

予算差異

製造間接費変動費率　2,649,600円÷2,208時間＝1,200円/時間

変動予算額　@1,200円×179時間＋3,091,200円/12＝472,400円

予算差異　464,000円－472,400円＝－8,400円（貸方差異）

能率差異　@2,600円×（179時間－@0.1時間×1,750個）＝10,400円（借方差異）

操業度差異

製造間接費固定費率　3,091,200円÷2,208時間＝1,400円/時間

操業度差異　@1,400円×（2,208時間/12－179時間）＝7,000円（借方差異）

問４

売上高

@1,420円×450個＋@1,450円×400個＋@1,520円×500個＋@1,600円×200個＋@1,580円×350個＝2,852,000円

月末製品棚卸高　@900円×650個＝585,000円

問５

当月の購入原料価格差異

原料Ａ　（@230円 － @150円）×3,100kg ＋（@210円 － @150円）×2,400kg ＝ 392,000円（借方差異）

原料Ｂ　（@85円－@80円）×5,150m^2＝25,750円（借方差異）

合計　392,000円＋25,750円＝417,750円（借方差異）…②③

〈編著者紹介〉

岡本　　清（おかもと　きよし）

昭和29年　一橋大学商学部卒業，35年　同大学大学院商学研究科博士課程修了。昭和36年　一橋大学商学部専任講師，その後助教授，45年　教授を経て，平成５年　一橋大学名誉教授，東京国際大学教授。平成12～14年　東京国際大学学長。平成14年　東京国際大学名誉教授。一橋大学商学博士。

著書に「原価計算〈六訂版〉」（国元書房），「管理会計の基礎知識」〔編著〕（中央経済社），「管理会計〔第２版〕」〔共著〕（中央経済社）ほかがある。

廣本　敏郎（ひろもと　としろう）

昭和51年　一橋大学商学部卒業，56年　同大学大学院商学研究科博士課程単位修得，56年　一橋大学専任講師(商学部)，その後助教授，平成５年　教授を経て，平成27年　一橋大学名誉教授。一橋大学博士（商学）。令和元年　日本管理会計学会　特別賞。

著書に「原価計算論〔第３版〕」〔共著〕（中央経済社），「日本の管理会計研究」〔共編著〕（中央経済社），「米国管理会計論発達史」（森山書店），「新版工業簿記の基礎」（税務経理協会），「管理会計〔第２版〕」〔共著〕（中央経済社），「ガイダンス企業会計入門〔第４版〕」〔共編著〕（白桃書房）がある。

検定簿記講義／１級工業簿記・原価計算 上巻〔2024年度版〕

1956年５月20日　初版発行
1965年３月15日　昭和40年版発行
1974年３月25日　新検定(昭和49年)版発行
1984年３月15日　検定(昭和59年)版発行
1998年４月１日　新検定(平成10年)版発行
2013年４月20日　検定(平成25年度・上巻)版発行
2016年４月５日　検定(平成28年度・上巻)版発行
2017年４月20日　検定(平成29年度・上巻)版発行
2018年４月30日　検定(平成30年度・上巻)版発行
2019年４月20日　検定(2019年度・上巻)版発行
2020年４月15日　検定(2020年度・上巻)版発行
2021年４月30日　検定(2021年度・上巻)版発行
2022年４月30日　検定(2022年度・上巻)版発行
2023年４月15日　検定(2023年度・上巻)版発行
2024年４月20日　検定(2024年度・上巻)版発行

編著者　岡　本　　清
　　　　廣　本　敏　郎
発行者　山　本　　継
発行所　㈱中央経済社
発売元　㈱中央経済グループパブリッシング

〒101-0051　東京都千代田区神田神保町1-35
電話　03（3293）3371（編集代表）
　　　03（3293）3381（営業代表）
https://www.chuokeizai.co.jp
印刷／昭和情報プロセス㈱
製本／誠　製　本　㈱

Ⓒ 2024
Printed in Japan

■本書に関する情報は当社ホームページをご覧ください。

＊頁の「欠落」や「順序違い」などがありましたらお取り替えいたしますので発売元までご送付ください。（送料小社負担）

ISBN978-4-502-49931-9　C2334

JCOPY〈出版者著作権管理機構委託出版物〉本書を無断で複写複製（コピー）することは，著作権法上の例外を除き，禁じられています。本書をコピーされる場合は事前に出版者著作権管理機構（JCOPY）の許諾を受けてください。
JCOPY〈https://www.jcopy.or.jp　e メール：info@jcopy.or.jp〉

日商簿記検定試験　完全対応

最新の出題傾向に沿って厳選された
練習問題を多数収録

大幅リニューアルでパワーアップ!

検定 簿記ワークブック

◆1級〜3級／全7巻

■問題編〔解答欄付〕■解答編〔取りはずし式〕

◇日商簿記検定試験合格への最も定番の全7巻シリーズ。最近の出題傾向を踏まえた問題構成と，実際の試験形式による「総合問題」で実力を養う。

◇「問題編」には直接書き込める解答欄を設け,「解答編」は学習に便利な取りはずし式で解説が付いている。

◇姉妹書「検定簿記講義」の学習内容と連動しており，検定試験突破に向けて最適の問題集。

1級　**商業簿記・会計学** 上巻／下巻
渡部裕亘・片山　覚・北村敬子［編著］

工業簿記・原価計算 上巻／下巻
岡本　清・廣本敏郎［編著］

2級　**商業簿記**　渡部裕亘・片山　覚・北村敬子［編著］

工業簿記　岡本　清・廣本敏郎［編著］

3級　**商業簿記**　渡部裕亘・片山　覚・北村敬子［編著］

中央経済社